Arthur LUBWIKA

REPRENDS COURAGE, LE SEIGNEUR T'APPELLE !

Arthur LUBWIKA

REPRENDS COURAGE, LE SEIGNEUR T'APPELLE !

DE LA RESILIENCE A L'AFFIRMATION DE SOI

Éditions Croix du Salut

Imprint

Any brand names and product names mentioned in this book are subject to trademark, brand or patent protection and are trademarks or registered trademarks of their respective holders. The use of brand names, product names, common names, trade names, product descriptions etc. even without a particular marking in this work is in no way to be construed to mean that such names may be regarded as unrestricted in respect of trademark and brand protection legislation and could thus be used by anyone.

Cover image: www.ingimage.com

Publisher:
Éditions Croix du Salut
is a trademark of
Dodo Books Indian Ocean Ltd. and OmniScriptum S.R.L publishing group

120 High Road, East Finchley, London, N2 9ED, United Kingdom
Str. Armeneasca 28/1, office 1, Chisinau MD-2012, Republic of Moldova, Europe
Printed at: see last page
ISBN: 978-620-6-17025-9

Reprends courage, le Seigneur t'appelle !

De la résilience à l'affirmation de soi

A toi qui as mal dans ta peau !

« Dieu de grande miséricorde, même si j'avais commis tous les péchés imaginables, je ne craindrais pas de me jeter entre les bras de Ta miséricorde, car je sais combien sont grandes la bonté et la tendresse de mon Dieu. Ces multitudes d'offenses ne sont pour Toi qu'une goutte d'eau jetée dans un brasier ardent. »

(Sainte Faustine Kowalska)

Préface

Le désir de gouverner pour une satisfaction égoïste est une vraie malédiction. Depuis des siècles et jusqu'à ce jour, rois et seigneurs ont inondé la terre de sang dans leurs batailles pour obtenir plus de pouvoir pour eux-mêmes.

Mon frère Arthur Lubwika est pleinement conscient de grands exodes à cause des guerres en Ukraine, Palestine, Syrie et cœtera, et cœtera. A cela s'ajoute le très grand exode dans son propre pays, la République Démocratique de Congo, surtout dans sa partie orientale, dont personne parmi les véritables instigateurs n'ose parler. Même dans sa propre vie, surtout dans sa carrière ecclésiastique, il a connu un exode personnel. Toutes ces situations ontologiquement inexplicables appellent la restauration de l'espérance, en anglais « Restoring Hope », faisant évidemment référence à un appel à l'action ou à un processus visant à redonner l'espoir à quelqu'un ou à une communauté qui l'a peut-être perdu pour diverses raisons dont la plus déplorable dans le monde d'aujourd'hui est la montée en puissance des guerres injustes, même s'il n'est pas juste de parler d'une guerre « juste ».

Constatant que certains membres du clergé peuvent également être avides de pouvoir, mon frère Arthur a voulu renverser ce fléau en s'inspirant de l'Evangile dans lequel on voit comment Jésus décrit le désir des Pharisiens d'être appelés maîtres, de s'asseoir aux meilleures places pour dominer les autres et de faire peser des fardeaux sur leurs dos (Matthieu 23). Ses critiques justifiées ne furent pas appréciées. Rejeté par sa communauté de foi pour des motifs injustes, mon frère a repris courage en explorant de nouvelles voies sans avoir abandonné sa véritable vocation de prêtre et sa mission religieuse. De cette façon il encourage tous ceux, vous et moi, qui se sentent parfois déprimés, même mal dans leur peau. Il sympathise avec ceux qui souffrent des maux psycho-sociaux et spirituels. Sortant lui-même des ténèbres, il nous offre des solutions psychologiques qui vont de pair avec sa foi et avec sa vie spirituelle profonde.

Dans ce livre, sa propre histoire est devenue une histoire universelle de Résurrection et passionnante à lire, les yeux fixés sur une pyramide à sept étapes à franchir pour déboucher sur les appels à l'action dans les interactions sociales et à l'action de grâce à Dieu qui en donne la force et les moyens.

Cordialement,

Ton frère Willem De Brouwer

Prêtre ECC

Belgique

Avant-propos

REPRENDS COURAGE, LE SEIGNEUR T'APPELLE est le titre de ce livre, qui rappelle une brochure que j'ai publiée en novembre 2005 : *Je garderai la même confiance*[1]. Dans ladite brochure, je m'inspirais d'une prière tirée du *Petit Journal de Sainte Faustine,* une religieuse polonaise du 20ème siècle canonisée par l'Eglise catholique comme Faustine Kowalska, connue pour avoir eu des visions de Jésus Christ et pour avoir promu la dévotion à la Miséricorde divine. Cette prière mise en exergue à ce livre exprime une confiance inébranlable en la miséricorde de Dieu, même face à de nombreux péchés des humains, comparés à une goutte d'eau devant un brasier ardent de l'amour divin. Et quand je publiais *Je garderai la même confiance,* je justifiais ce titre en écrivant notamment : « Je n'avais pas pensé, même pas soupçonné, que dans ma vie et mon ministère, je passerais de révocation en révocation, sans répit, sans stabilité. Je ne cesse de me demander pourquoi, d'autant plus que je crois répondre fidèlement à la mission reçue du Seigneur : ''Pour vous, rien de tel !'' (Lc 22,26a). Face à cette infortune, j'ai pris la résolution de garder ma confiance initiale dans le Seigneur, mais aussi dans les confrères qui n'ont cessé de me retirer la leur, tel que cela ressort de leur correspondance. »[2]

Et j'entends résonner dans mon oreille, mais enfin dans mon cœur l'écho de la voix du Seigneur : « Tu es prêtre pour l'éternité à la manière de Melchisédech » (*Hébreux* 5,6). Je rends grâce à Dieu qui est resté mon dernier recours, tel qu'il ressort de l'expérience religieuse

---

[1] Arthur LUBWIKA, *Je garderai la même confiance,* Kabinda, novembre 2005.
[2] Arthur LUBWIKA, *Je garderai la même confiance*, p. 4.

fondamentale : « Mieux vaut se réfugier dans le Seigneur que de compter sur les hommes. Mieux vaut se réfugier dans le Seigneur que de compter sur les puissances. » (*Psaumes* 118,8-9). C'est de cette manière je me suis mis à l'école, moi aussi, pour apprendre à m'appuyer sur le Seigneur !

A cet effet, j'ai médité le signe de la résurrection de Lazare et j'ai admiré particulièrement la confiance que le Fils a placée dans le Père face à la souffrance qui frappe les humains : « Père, je rends grâce de ce que tu m'as exaucé. Certes, je savais bien que tu m'exauces toujours, mais j'ai parlé à cause de cette foule qui m'entoure, afin qu'ils croient que tu m'as envoyé. » (*Jean* 11,41-42). Le Fils garde la même confiance, expression de la fidélité même de Dieu : « Je sais que tu m'exauces toujours. » Au milieu des frustrations qui affectent négativement tout humain, je me réalise que seule la confiance en Dieu sauve. Serviteur du Seigneur – et non « fonctionnaire de Dieu », je ne place pas ma confiance ou ma sécurité dans les hommes, les biens matériels, les idées reçues non-intégrées ou dans un quelconque décret-loi qui n'aurait pas Dieu pour vrai auteur.

De même, je me suis laissé séduire par la profonde motivation qu'a exprimée le Fils de Dieu au moment même où il rappelait Lazare à la vie : « … j'ai parlé à cause de cette foule qui m'entoure, afin qu'ils croient que tu m'as envoyé. » Pour ma part, j'aurais bien pu me taire, ne pas parler des interventions de Dieu dans l'actualité de ma vie et de la vie de mon entourage. En tant que prophète, j'éprouve une obligation intérieure à en parler, à proférer les oracles du Seigneur. Paul ne s'était-il pas écrié avec dévotion : « … malheur à moi se je n'annonce l'évangile ! » (*1 Corinthiens* 9,16). Je me rappelle à ce niveau une confession de Pierre Teilhard de Chardin : « Plus je désire, en effet, que soient largement distribués les trésors du Seigneur plus je me sens obligé, si j'apprends que mes confrères éprouvent de la difficulté à cette distribution, d'agir de tout mon pouvoir pour qu'ils puissent faire avec facilité et promptitude ce qu'ils désirent avec diligence et ardeur. »[3]

Ainsi, qu'il s'agisse de la force intérieure qui me pousse à parler prophétiquement ou de l'élan poétique qui m'oblige à expliquer par écrit les expériences mystiques dont je suis de quelque manière témoin, je pense que le plus important pour moi c'est l'obéissance de la foi qui m'incline à partager avec le lecteur et surtout à inviter ce dernier à emprunter – en dépit des obstacles du parcours, mais toujours fidèle au principe de persévérance et de résilience – le chemin de la restauration de sa confiance en Dieu. Car agir ainsi et au nom de son appartenance à Christ, c'est faire l'expérience de l'Esprit !

Dès lors, j'ai compris qu'au-delà de l'isolement social auquel je me sentais comme condamné, il fallait me mettre dans la peau de celles et ceux qui souffraient pareillement de leurs maux psycho-sociaux et spirituels. Sans tarder, je me suis mis à les écouter attentivement avec leurs préoccupations et leurs luttes, sans jugement ; à leur partager des témoignages personnels et des histoires inspirantes des personnes ayant traversé des moments difficiles et ayant trouvé l'espoir et la foi en Dieu ; à leur proposer des méditations et des prières inspirées des écrits spirituels et de la sainte Ecriture ; à créer avec leur concours des groupes de partage d'expériences dans les réseaux sociaux ; à créer un groupe d'étude de la Bible – « *Le Figuier* » – pour encadrer les pasteurs et les

---

[3] *Lettre à un religieux, 7 décembre 1927.* Cette citation reflète l'idée de Teilhard de Chardin, philosophe et théologien français du 20ème siècle, sur la distribution et le partage des trésors spirituels et intellectuels, soulignant son engagement envers cette mission.

dirigeants des groupes de prière auxquels beaucoup de fidèles à la foi naïve font confiance, et à penser à publier un livre où je proposerais à un public plus large les voies d'une dure et patiente marche vers la restauration de la confiance en Dieu.

Fort de ces expériences, c'est-à-dire éprouvé et affermi par des épreuves sans cesse subies et souvent surmontées, comme le dirait Paul (cf. *2 Timothée* 2,15), je me suis enfin résolu à développer ce nouveau titre « *Reprends courage, le Seigneur t'appelle.* », dans le but d'accompagner les femmes et les hommes croyants qui sont en proie aux difficultés et aux défis de la vie dans leurs projets de restaurer leur confiance en Dieu. Je me propose ainsi de les encourager à placer leur confiance en Dieu, en sa fidélité et en sa capacité à transformer les situations désespérées, car Dieu est souverain et qu'il a le contrôle sur toutes les circonstances, offrant ainsi un réconfort à celles et à ceux qui traversent des épreuves ; à leur montrer que, même dans les moments les plus sombres, Dieu apporte la lumière et la transformation ; à les encourager à ne jamais abandonner, mais à persévérer dans leur foi et à rester fermes, sachant que Dieu est avec eux ; bref, je invite chacune et chacun à passer de la résilience à l'affirmation de soi et en fin de parcours à l'action.

A cet effet, résumant les épreuves diverses vécues (cécité, surdité, paralysie, isolement social, possession satanique, sortilège, angoisse, malheur innocent, exode, exil, etc.) par le symbole de la maladie, j'ai choisi en exemple le récit évangélique de la guérison de l'aveugle de Jéricho et, faisant mien l'écho de la foule enfin favorable à la démarche du malade, j'exhorte toute personne « mal dans sa peau » et aspirant à recouvrer la pleine santé à avoir une foi profonde et une confiance inébranlable en Dieu : « Reprends courage, le Seigneur t'appelle ! » (*Marc* 10,49b).

A l'occasion, j'ai l'honneur d'évoquer ici la note personnelle d'encouragement que le Père Benoît Standaert m'a adressée après avoir pris connaissance de mon manuscrit : « Cher Arthur, le dernier trait du récit de Bar Timée (10,5) raconte qu'il ''suit Jésus sur son chemin'' – c'est-à-dire de Jéricho à Jérusalem. Moins de dix jours plus tard voilà qu'il est confronté au procès de Jésus, son arrestation, sa condamnation publique, les tortures et enfin son crucifiement et sa mort comme un scélérat à une croix, au Golgotha. Qu'est-ce qui est advenu à Bar Timée ? A-t-il reçu de nouveaux yeux pour ''voir'' cela ? […] Tout homme guéri (ce que je suis moi-même, paralysé à 16 ans) devrait s'en souvenir. […] Je me reconnais donc assez bien dans cette remarquable histoire, cher ami ! Bon service au milieu de tous ceux qui sont ''mal dans leur peau'' et ceux qui comme toi les aident intelligemment en fidélité à l'évangile. »[4]

____

[4] Mail reçu le samedi 20 juillet 2024 du P. Benoît Standaert, moine bénédictin de l'abbaye Saint-André à Bruges. Bibliste renommé, il a écrit plusieurs livres en néerlandais sur la sagesse chrétienne, dont plusieurs ont été traduits par des éditeurs catholiques en France et en Italie.

Comment comprendre le titre de ce livre : *Reprends courage, le Seigneur t'appelle* ?

D'abord la première proposition juxtaposée, une indépendante injonctive : « Reprends courage ! »

Quel type d'injonction ? Il ne s'agirait pas ici d'un ordre formel, mais d'une exhortation à réitérer sa confiance en Dieu, exhortation faite à toute personne marginalisée et en quête de sa réintégration totale.

Qui exhorte ? Si dans le texte évangélique ce sont des gens de la foule qui se montrent finalement favorables aux cris de l'aveugle, la réponse facile dans le contexte de ce livre serait que la référence est faite au narrataire qui s'approprie la voix des gens ayant entendu le cri de Jésus : « Appelez-le ! » (*Marc* 10,49a). Une autre réponse serait-elle possible ? Oui ! Le choix est dans le camp du lecteur.

Qui est bénéficiaire de l'exhortation ? La réponse à cette troisième question, du reste un peu plus complexe, supposerait que soit dégagée la structure profonde de l'injonction et que soit bien défini le « tu » inclus dans ladite structure : le « tu » auquel l'appel à reprendre courage est lancé désigne une personne « mal dans sa peau » et ayant des convictions que ce mal n'est pas invincible, une personne en face du sujet parlant. Autrement dit, il s'agit de toute personne dans l'épreuve et qui désire ardemment être délivrée du mal physique, moral ou spirituel dont elle se sent captive. La prière universelle du vendredi le résume en implorant particulièrement la pitié du Père pour les hommes dans l'épreuve : « … qu'il débarrasse le monde de toute erreur, qu'il chasse les épidémies et repousse la famine, qu'il vide les prisons et délivre les captifs, qu'il protège ceux qui voyagent, qu'il ramène chez eux les exilés, qu'il donne la force aux malades, et accorde le salut aux mourants », qu'il console les affligés, qu'il arrête les guerres, qu'il redonne paix et espoir aux cœurs brisés.

Pourquoi le verbe « reprendre » et non « prendre » ? La réponse à la quatrième et dernière question porte grosso modo sur la composition par préfixation (au moyen d'un préfixe de redoublement « re- ») du verbe « prendre », qui voudrait dire en contexte « prendre à nouveau courage », c'est-à-dire, d'après le *Larousse thématique*, prendre courage « de façon complètement différente, par une tentative différente de la première » qui découle de la confiance-même exprimée par avance par Jésus, telle qu'elle se lit dans la suite du récit.

Ensuite la seconde proposition juxtaposée, une indépendante déclarative : « le Seigneur t'appelle. »

Cet élément phrastique s'appuie sur le présupposé théologique invitant à la confiance dans le Seigneur qui, le premier, entend le cri de son peuple et prend l'initiative de le sauver : « J'ai vu la misère de mon peuple en Egypte et je l'ai entendu crier sous les coups de ses gardes-chiourme. Oui, je connais ses souffrances. Je suis descendu pour le délivrer … » (*Exode* 3,7-8) ; « Ma grâce te suffit ; ma puissance donne toute sa mesure dans la faiblesse. » (*2 Corinthiens* 12,9)

Par ailleurs, dans l'analyse en structures profondes, il y a lieu de lire dans cette phrase complexe formée de deux propositions juxtaposées « Reprends courage, le Seigneur t'appelle. » un rapport sémantique qui rapproche cette juxtaposition de la subordination circonstancielle de cause : « Reprends courage *parce que* le Seigneur t'appelle ! ». Autrement dit, l'appel à reprendre courage est motivé par l'appel du Seigneur qui entend par avance le cri de la personne sinistrée : « Etant donné que le Seigneur a entendu ton cri et qu'il t'appelle, reprends courage ! »

Et que dire du sous-titre : *De la résilience à l'affirmation de soi* ?

La stratégie de l'appel à l'action, telle qu'elle pourrait se dégager du septième et dernier moment de la pyramide, recommanderait de passer naturellement de la résilience à l'affirmation de soi, c'est-à-dire d'évoluer de la capacité à faire face à l'adversité et à rebondir, vers la capacité à agir de manière assertive et équilibrée dans ses interactions sociales, notamment. Ainsi lirait-on deux exemples dans le quatrième évangile : la réplique de l'infirme de la piscine de Bézatha aux harcèlements psychologiques des Juifs : « Celui qui m'a rendu la santé, c'est lui qui m'a dit : ''Prends ton grabat et marche.'' » (*Jean* 5,11), et le ras-le-bol de l'aveugle de naissance face à l'acharnement des docteurs pharisiens : « C'est bien là, en effet, l'étonnant, que vous ne sachiez pas d'où il est, alors qu'il m'a ouvert les yeux ! Dieu, nous le savons, n'exauce pas les pécheurs ; mais si un homme est pieux et fait sa volonté, Dieu l'exauce. Jamais on n'a entendu dire que quelqu'un ait ouvert les yeux d'un aveugle de naissance. Si cet homme n'était pas de Dieu, il ne pourrait rien faire. » (*Jean* 9,30-33)

C'est là toute la question qui traverse ce livre et dont les réponses dépendent de la confiance de la personne « mal dans sa peau » dans le Messie de Dieu, tant elle veut être réhabilitée dans sa dignité humaine, quoi qu'il lui en coûte. C'est en d'autres mots la dialectique de la guérison de la personne humaine par la confiance inébranlable en Dieu.

Au terme de ces considérations introductives, j'en viens logiquement à énoncer le plan du livre, qui est distribué en sept principaux moments, selon la pyramide de Gustav Freytag[5], reprise en annexe à la fin de ce livre.

Le premier moment est celui de l'exposition du mal vécu. Il comporte l'évocation du passé, la présentation de la situation et des protagonistes utiles à la compréhension du récit : « Ils arrivent à Jéricho. Comme Jésus sortait de Jéricho avec ses disciples et une assez grande foule, l'aveugle Bartimée, fils de Timée, était assis au bord du chemin, en train de mendier. » (*Marc* 10,46 ; cf. *Luc* 18,35 ; *Jean* 5,1-2)

Le deuxième moment est axé sur la présence de Jésus au lieu du drame. Le nœud dramatique est constitué par l'ensemble des désirs et des volontés des personnages contrariés par des obstacles (extérieurs ou intérieurs). C'est un élément perturbateur, aussi appelé « complication ». Il va déclencher l'action dans l'histoire. Et le public va ainsi savoir sur quoi va parler le récit : « Apprenant que c'était Jésus de Nazareth … » (*Marc* 10,47a ; cf. *Luc* 18,36-37 ; *Jean* 5,3-4).

Le troisième moment décrit les péripéties qui sont des renversements de la situation et l'amorce du dénouement dans la mesure où elles permettent de relancer l'action, de lui donner une nouvelle impulsion. L'intrigue est ici perçue comme un coup de théâtre qui vient modifier d'une manière inattendue la situation : « … Fils de David, aie pitié de moi ! » (*Marc* 10, 47b-48 *; cf. Luc* 18,38-39 ; *Jean* 5,5)

Le quatrième moment est la restauration de la confiance. C'est un moment de tension maximale où l'enchaînement des péripéties mène au point culminant. A ce niveau d'avancement du récit, l'antagonisme est souvent là pour freiner les efforts du protagoniste : « Beaucoup le

---

[5] Sources : www.patriciagendrey.com

rabrouaient pour qu'il se taise … Jésus s'arrêta, et dit : ''Appelez-le.'' On appelle l'aveugle, on lui dit : ''Confiance, lève-toi, il t'appelle.'' » (*Marc* 10,48a.49-50; cf. *Luc* 18,40-41 ; *Jean* 5,6)

Le cinquième moment est comme la conséquente du climax décrit dans le moment précédent : la libération de la parole. Les conséquences engendrées par le point culminant vont commencer à se dérouler. Le protagoniste va tenter de trouver des solutions : « S'adressant à lui, Jésus dit : ''Que veux-tu que je fasse pour toi ?'' L'aveugle lui répondit : ''Rabbouni, que je retrouve la vue !'' » (*Marc* 10,50b ; cf. *Luc* 18,41 ; *Jean* 5,7)

Le sixième moment est celui de la résolution du problème avant l'étape finale, c'est-à-dire le moment de la parole de libération : « Jésus lui dit : ''Va, ta foi t'a sauvé.'' » (*Marc* 10,52a ; cf. *Luc* 18,42 ; *Jean* 5,8)

Le septième et dernier moment est consacré au dénouement qui survient logiquement quand les contradictions sont effacées : l'appel à l'action ou la parole d'engagement. Cette résolution s'accompagne ici d'un passage du malheur au bonheur : « Aussitôt il retrouva la vue et il suivait Jésus sur le chemin. » (*Marc* 10,52b ; cf. *Luc* 18,43 ; *Jean* 5,9)

En guise de délimitation de mon lectorat, je dois dire que je m'adresse d'abord à toute personne qui fait l'expérience de la souffrance dans son parcours de foi et qui est en quête du salut de Dieu en tant que sujet personnel. Et je m'adresse ensuite aux femmes et aux hommes « capables de Dieu », pour leur proposer le chemin du salut par la confiance réitérée en Dieu.

Je tiens, pour clore cette introduction, à m'acquitter du noble devoir de remercier. Je veux exprimer ma grande gratitude à Tomasz Puchalski, évêque de l'Eglise catholique réformée de Pologne, qui m'a marqué par son souci de « restaurer l'espérance (*Restoring hope*) » et inspiré le goût d'écrire ce livre. Je veux remercier particulièrement les amis et compagnons du parcours de la foi et de la confiance qu'ils ont daigné placer en moi : Stephan Houtman, Andrzej Stefański, Etchi Besem, Gaston Kankolongo Kankolongo, François Ngoyi Ependa, Matthieu Munkonka Makadi, Noëlla Mbuyu Lubwika, Brigitte Bakabamba Jibikilayi, Rombault Yakitambu Kankolongo, René Mpanya Mayombo et Bertin Ngoyi Muamba. Je veux présenter mes remerciements anticipés aux lecteurs intéressés et non-intéressés qui se sacrifieront pour lire passionnément ce livre. Et je veux exprimer ma plus sincère reconnaissance à Willem de Brouwer pour l'honneur de préface.

> *« Je suis toujours triste, mais je suis plus triste que d'habitude.*
> *C'est ma façon d'être malheureux. »*
> (Vincent von Goth)

J'OUVRE CE LIVRE par un titre emprunté à Madame Jeannette Munda Badibanga, dans sa brochure « *Mal dans ma peau*[6] » où l'auteure déballe son cœur de femme et dévoile son bagage d'expériences pour conduire le lecteur à partir de « ses sources intérieures » vers un changement libérateur, en mettant à nu le mal vécu par la femme selon les traditions de son peuple. Je me rappelle à l'occasion le titre de la collection « Voici mon problème », des éditions Trobisch dont j'ai lu avec passion beaucoup de publications. Ces titres merveilleux m'amènent à aborder le premier moment de la pyramide : l'exposition des cas.

Il est question d'une convention dramaturgique qui pose les bases de l'action. Elle comporte l'évocation du passé, la présentation de la situation et des protagonistes utiles à la résolution du problème posé. Ainsi, dans les récits bibliques des guérisons, comme dans la plupart des professions et techniques thérapeutiques qui requièrent la consultation du prophète, du médecin ou de tout autre spécialiste-expert, l'exposition porte souvent sur la plainte liée à la maladie et aux attaques démoniaques. Aussi, pour être précis et concret, je choisis des exemples limités aux maladies telles la cécité, la paralysie et la surdité.

---

[6] Jeannette MUNDA TSH. BADIBANGA, *Mal dans ma peau,* Paulines Editions, Kinshasa, 1999.

Par moment, je peux donner en exemple tout autre cas de tourments dans la vie.

En effet, dans le récit évangélique de la guérison de l'aveugle de Jéricho (Bar Timée), comme dans celui du paralytique de la piscine de Bézatha, par exemple, les narrataires commencent par situer les contextes des actions qui seront par la suite posées par les protagonistes. D'une part l'entrée de Jésus avec ses disciples à Jéricho et la présence de l'aveugle en quête de la vue : « Et ils viennent à Jéricho. Et comme il sortait de Jéricho, et ses disciples et une foule importante, le fils de Timée – Bar Timée – un mendiant aveugle, était assis au bord du chemin » (*Marc* 10,46 ; cf. *Luc* 18,35) ; et, de l'autre, la montée de Jésus à Jérusalem à l'occasion d'une fête juive où ce dernier rencontre le paralytique : « Après cela, il y avait une fête des Juifs et Jésus monta à Jérusalem. Or il y a, près de la Probatique, une piscine qui (est) dite en hébreu Bézatha, ayant cinq portiques. En ces (portiques) gisaient une multitude de malades, d'aveugles, de boiteux, de paralytiques attendant l'agitation de l'eau. Car un ange du Seigneur, de temps en temps, descendait dans la piscine et l'eau était agitée. Le premier, donc, qui entrait, après l'agitation de l'eau, se trouvait guéri, quelle que (fût) la maladie dont il était affecté. Or il y avait là un homme en proie depuis trente-huit ans à sa maladie. » (*Jean* 5,1-5)

Dans le cas de l'aveugle de Jéricho comme dans celui du malade de la piscine de Bézatha, ainsi que dans les cas des différentes personnes « mal dans leur peau », il est d'abord décrit les contextes des rencontres de ces infortunés avec les thaumaturges ou les spécialistes-experts, selon des schémas quasi stéréotypés, mais enfin selon les protocoles de ces rencontres.

Aujourd'hui, en vertu de l'évolution des sciences de l'information et de la communication, ce schéma stéréotypé emprunte de nouvelles voies organisant les rencontres entre le croyant souffrant et le prophète, le patient et le médecin, le plaignant et le juge ; bref, entre les requérants et les experts selon les domaines d'intervention. Désormais, ces contacts se prennent, non seulement aux occasions des rencontres fortuites (un lieu géographique, une fête, un salon scientifique, une compétition publique, etc.), mais également et régulièrement par voie des mass médias ou en ligne (internet, journal, radio, télévision, etc.). Au moyen de toutes ces nouvelles voies de communication, la personne « mal dans sa peau » sait consulter le spécialiste-expert du domaine.

J'insiste sur la combinaison des moyens traditionnels avec les nouvelles technologies de l'information et de la communication pour inviter les personnes « mal dans leur peau », notamment les malades, les possédés, les mal-aimés, les victimes de la méchanceté de leurs semblables, etc., à élargir et à diversifier les horizons de la quête des solutions à leurs problèmes existentiels. J'appelle en particulier les croyants à comprendre qu'il n'existe plus que les églises, les sanctuaires ou les temples comme lieux théologiques privilégiés de la rencontre avec le divin afin d'exposer leurs plaintes. Car, tout lieu propice à des échanges thérapeutiques d'expériences négatives, y compris ce livre, peut amener une personne « mal dans sa peau » à trouver la voie de guérison.

Certes, à l'heure du nouveau testament déjà, la question de la religion intérieure, c'est-à-dire la question de la véritable adoration – l'adoration en esprit et en vérité – avait déplacé le centre de la religiosité de l'espace extérieur symbolisé par le temple vers l'espace intérieur symbolisé par le cœur de l'orant (cf. *Jean* 4,23). Je ne voudrais pas revenir avec insistance sur ce thème que j'ai déjà développé dans mes écrits antérieurs. J'insisterais au contraire sur l'ouverture d'esprit dont devrait faire preuve la personne « mal dans sa peau » dans la quête des personnes capables de l'aider à porter positivement son problème. Cette ouverture d'esprit impose au croyant ou à tout autre requérant, non seulement de fréquenter les églises, les sanctuaires ou les temples, mais en plus, par exemple et si c'est possible, de consulter l'internet, de lire les journaux, de suivre la radio et la télévision, de s'intéresser aux salons scientifiques, de s'informer – même au téléphone – auprès de ses proches, amis et connaissances à propos des contacts pouvant mener aux voies de solution à son problème. A cet effet, il suffit par exemple de faire des recherches spécifiques actualisées en ligne ou de consulter des sources spécialisées sur la spiritualité et les traditions mystiques, sans négliger les centres de psychothérapie, etc.

II. Présence inspiratrice

> *« Tu es bénie entre toutes les femmes, et béni est le fruit de ton*
> *ventre ! Et d'où me vient ceci que la mère de mon Seigneur vienne*
> *vers moi ?*
> *(Luc 1,42-43)*

JE VIENS DE DECRIRE LE CONTEXTE de toute rencontre entre la personne « mal dans sa peau » et la personne capable de donner solution au problème de la première. J'ai particulièrement insisté sur la présence de la personne vulnérable ou personne « mal dans sa peau », dans le sens d'une personne aux conditions de vie précaires et en position de désavantage sur le plan socio-économique, politique ou religieux, suite à un mal qu'il vivrait particulièrement dans sa peau de personne humaine et qui serait susceptible de l'exclure pour ainsi dire de la société.

J'en viens à présent à parler de la présence du spécialiste-expert chargé de proposer des solutions au cas qui rongerait la vie de la personne « mal dans sa peau ». La présence de la personne-solution, vient déclencher l'action dans le récit, à telle enseigne que le public va ainsi savoir sur quoi va parler ce récit. En empruntant le langage de la narratologie, j'arrive ainsi au nœud dramatique constitué par l'ensemble des désirs et des volontés des personnages contrariés par des obstacles (extérieurs ou intérieurs).

Partant des récits de l'aveugle de Jéricho et du malade de la piscine de Bézatha, j'insisterais dans ce point sur la présence de Jésus qui vient compliquer la scène. Il sort de la ville de Jéricho comme il monte Jérusalem pour une fête des Juifs. Du coup, son attention, mieux son esprit messianique rencontre celui des personnages en position de désavantage dans leur vie : « … l'aveugle Bartimée, fils de Timée, était assis au bord du chemin, en train de mendier […] Jésus s'arrêta … » (*Marc* 10,46b.49a) ; « Il y avait là un homme infirme depuis trente-huit ans. Jésus le vit couché … » (*Jean* 4,5-6a).

Outre les modes de communication vus précédemment, je relèverais ici la communication de type mystique. Dans les deux récits, il est signalé la présence « d'une foule assez grande » (*Marc* 10,46) ou « d'une foule de malades, aveugles, boiteux, impotents » (*Jean* 5,3). Mais l'attention de Jésus s'arrête sur des individus particulièrement en position de désavantage social, des individus que les bien-portants et les personnes aptes ou assez aptes ne voient pas. C'est sur cette catégorie d'individus aux conditions de vie franchement précaires que Jésus attire spontanément son attention, sans que personne n'ait nécessairement intercédé pour eux ; au contraire, les bien-portants se posent même en obstacles pour empêcher tout contact physique entre Jésus et ces marginalisés : « Beaucoup le rabrouaient pour qu'il se taise, mais lui criait de plus belle » (*Marc* 10,48) ; « Qui est cet homme qui t'a dit : 'Prends ton grabat et marche' ? » (*Jean* 5,12).

Tout invite donc à croire que Jésus voit la misère de la personne « mal dans sa peau » avant même que celle-ci ne s'aperçoive de la présence de Jésus dans son environnement existentiel. C'est donc a posteriori que la personne « mal dans sa peau » se rend compte d'être déjà vue par son sauveur. Il est là un présupposé théologique qui s'actualise dans plus d'une circonstance dans le nouveau testament. Ainsi, à propos de l'appel de Nathanaël, il est écrit : « Avant même que Philippe ne t'appelât, je t'ai vu. » (*Jean* 1,48b) ; dans les récits brefs d'appel des premiers disciples, le regard de Jésus est la première étape (cf. *Marc*

1,16-20 ; *Matthieu* 4,18-22 ; *Luc* 5,1-3.10-11) ; la confidence de Paul aux Philippiens : « Non que j'aie déjà obtenu tout cela ou que je sois devenu parfait ; mais je m'élance pour tâcher de le saisir, *parce que j'ai été saisi moi-même par Jésus-Christ.* » (*Philippiens* 3,12), etc.

En contexte chrétien, ce serait une illusion que de penser que la démarche de la personne « mal dans sa peau » pour être réhabilitée par Jésus soit vraiment une initiative de cette personne. Elle est au contraire une réponse, comme le témoigne Paul aux Philippiens, à un appel ou à un regard de Jésus déjà posé sur la personne en quête de la guérison ou du salut. De cette manière, la personne « mal dans sa peau » est appelée à plus d'attention pour entendre ou pour voir Jésus qui est « déjà là », à ses côtés, pour lui porter secours. Elle discernera également la voix et le regard de Jésus dans les personnes qui agissent en vertu de leur foi en Jésus-Christ ou en Dieu, si pas pour éradiquer, mais au moins pour soulager tant soit peu la souffrance de leurs semblables. Car, Dieu met toujours sur la route de la personne « mal dans sa peau » des femmes et des hommes capables de proposer des solutions au mal vécu physiquement, moralement ou psychiquement, seule ou en société. C'est dans ce sens que je pourrais évoquer la rencontre providentielle de l'évangéliste Philippe avec l'eunuque éthiopien sur la route de Jérusalem à Gaza (cf. *Actes* 8,26-40). Dans ce récit plutôt théophanique, l'évangéliste Philippe est justement envoyé vers un individu qui se révèle familier des pratiques religieuses et des écritures judaïques, mais à qui il manque un guide et qui n'a que des questions dans son aspiration à rencontrer le Messie de Dieu : « Et comment le pourrai-je, répond-il à Philippe qui lui demande s'il comprend ce qu'il lit, si je n'ai pas de guide ? » (*Actes* 8,34 ; lire aussi 8,36).

III. Enthousiasme inédit

« Ainsi l'homme qu'une évidence inconnue empoigne découvre dans leur vanité ses occupations de comptable, comme aussi les douceurs de sa vie domestique. Mais il ne sait point donner un nom à cette vérité souveraine. »
(Antoine de Saint-Exupéry)

LA PRESENCE INATTENDUE DE JESUS au lieu du drame est vécue comme un coup de théâtre. Elle vient changer brusquement le cours des événements dans la vie de la personne « mal dans sa peau », dans le sens d'un retournement soudain et spectaculaire de sa situation existentielle.

Je partirais d'un exemple suggéré par *OpenAI* pour expliquer ce qui se passe en ce troisième moment de la pyramide. Imaginons une personne nommée Sarah, qui lutte depuis des années contre une maladie invalidante. Cette maladie a affecté non seulement son corps mais aussi son esprit, car aucun traitement n'a pu jusqu'à présent la guérir complètement. Un jour, Sarah rencontre un médecin réputé dans un centre de recherche médicale, qui lui présente un traitement expérimental prometteur. Etant désespérée et pleine d'espoir, Sarah décide de suivre ce traitement malgré les risques. Au début, les résultats sont encourageants. Sarah commence à trouver une partie de sa vitalité perdue et les symptômes de sa maladie semblent s'atténuer. Cependant, au fil du temps, l'enthousiasme initial de Sarah se transforme en une obsession dévorante. Elle commence à mettre toute son énergie, toutes ses pensées et tous ses espoirs dans ce traitement et dans le médecin qui le lui administre. Peu à peu, cette obsession prend le contrôle de Sarah.

Elle devient impatiente, irritable et obsédée par chaque détail de son traitement. Elle ne peut plus penser à rien d'autre qu'à la guérison totale qu'elle espère désespérément atteindre. Ses relations personnelles commencent à se détériorer car elle néglige tout le reste pour se concentrer uniquement sur cette lueur d'espoir. En perdant ainsi son contrôle, Sarah montre à quel point la quête de guérison peut être dévorante lorsqu'elle est enfin à portée de main, mais pas encore garantie.

Aussi, dans les récits qui me servent d'exemples et dans tant d'autres du même genre littéraire, je lirais les agitations des uns et des autres : l'aveugle de Jéricho se met à crier et à crier de plus belle quand les hommes forts veulent l'en empêcher : « … il commença à crier et à dire : ''Fils de David, Jésus, aie pitié de moi ! […] Fils de David, aie pitié de moi !'' » (*Marc* 10, 47b-48 ; cf. *Luc* 18,38-39) ; dans le même contexte géographique, je relirais le récit du salut du riche Zachée : « Il cherchait à voir qui était Jésus, et il ne pouvait y parvenir à cause de la foule, parce qu'il était de petite taille. Il courut en avant et monta sur un sycomore afin de voir Jésus qui allait passer par là » (*Luc* 19,3-4) ; en guise de réponse à la question lui posée par Jésus sur ses dispositions intérieures à être guéri, le malade de la piscine de Bézatha développe toute une rhétorique : « Seigneur, je n'ai personne pour me plonger dans la piscine au moment où l'eau commence à s'agiter ; et, le temps d'y aller, un autre descend avant moi » (*Jean* 5,7), etc. C'est pourquoi, la présence d'un sauveteur au lieu du drame suscite réellement beaucoup d'espoir de guérison dans le cœur de la personne « mal dans sa peau » ; et, parfois, cet espoir se lit dans des comportements impulsifs et incontrôlés, dans la mesure où la personne qui aspire au salut oublie carrément son rang social, ses responsabilités et son entourage et s'élance éperdument pour gagner, voire pour capter la confiance du thaumaturge, comme s'il s'agissait de l'unique chance de saisir le paradis perdu, mais tant désiré. Par exemple, Bar Timée se passe de la foule et se met à criailler pour se faire entendre, Zachée fait fi de son rang social en tant que chef des collecteurs d'impôts, le malade de la piscine de Bézatha oublie son infirmité qu'il décrit pourtant avec force détails, etc. Le kaïros est là, et il faut tout faire pour le saisir, peu importent les jugements de l'entourage qui peuvent aller jusqu'à la méprise comme ce fut le cas des Juifs après la guérison du malade de la piscine de Bézatha (cf. *Jean* 5,10-13) !

Je décrirais à ce niveau de narration deux scénarios possibles : soit la personne « mal dans sa peau » se mobilise à chaud sous les effets des événements, sans rien garder par la suite de l'expérience qu'elle vient de vivre ; soit elle en tire profit tant pour elle-même que pour ses semblables.

Abordant le premier scénario, je proposerais le récit des canards migrateurs et des canards domestiques, ainsi que celui des anguilles migratrices, tels que racontés par Antoine de Saint-Exupéry[7] :

> « Quand passent les canards et les oies sauvages à l'époque des migrations, il s'élève une étrange marée, sur les territoires qu'ils dominent. Les oiseaux domestiques comme aimantés par le grand vol triangulaire, amorcent un bond inhabile et qui échoue à quelques pas. L'appel sauvage a frappé en eux avec la vigueur d'un harpon, je ne sais quel vestige sauvage. Et voilà les canards de la ferme changés pour une minute en oiseaux migrateurs. Voilà que dans cette petite tête

---

[7] ANTOINE DE SAINT-EXUPERY, cité par Bernard BRO dans "Apprendre à prier", cf. http://www.seraphim-marc-elie.fr/article-32378796.html, consulté le 18 juin 2024.

dure, où circulaient d'humbles images de mares, de vers, de poulaillers, se développent les étendues continentales, le goût des vents du large et de la géographie des mers. Et le canard titube de droite à gauche dans son enclos de fils de fer, pris de cette passion soudaine dont il ne sait pas où elle le tire et de ce vaste amour dont il ignorera toujours l'objet. »

Et cette interprétation que l'auteur donne de son allégorie :

« Ainsi l'homme qu'une évidence inconnue empoigne découvre dans leur vanité ses occupations de comptable, comme aussi les douceurs de sa vie domestique. Mais il ne sait point donner un nom à cette vérité souveraine. Cet appel qui t'a remué tourmente sans doute tous les hommes... Mais la sécurité domestique a trop bien étouffé en nous la part qui pourrait l'entendre. Nous tressaillons à peine, nous donnons deux ou trois coups d'aile, et tombons dans notre cour. Nous sommes raisonnables. Nous craignons de lâcher nos petites proies pour une grande ombre [...] »

A l'instar du canard domestique, la personne « mal dans sa peau » qui, mue par un enthousiasme illusoire à l'occasion de sa rencontre avec un guérisseur, ne vise que la guérison factuelle et égoïste, sans projet d'avenir ni motivation qui maintiennent son élan après la guérison souhaitée, n'est pas digne d'être mieux traitée. Antoine de Saint-Exupéry déplore justement ce paradoxe que le canard domestique ignore que sa petite tête est assez vaste pour contenir des océans, des continents, des ciels, mais le voilà qui bat des ailes, méprise le grain, méprise les vers, et veut devenir canard sauvage... ; alors qu'il est des départs d'oiseaux migrateurs qui s'engagent par vents contraires sur l'océan et que l'océan se fait trop large pour leur vol si bien qu'ils ne savent plus s'ils aborderont l'autre rivage, mais qu'il est dans leur petite tête des images de soleil qui maintiennent ce vol. Et il ajoute à cette allégorie celle des anguilles migratrices : « ... Quand vient le jour où les anguilles doivent rejoindre la mer des Sargasses, tu ne peux plus les retenir. Elles se moquent bien de leur confort et de leur paix des eaux tièdes. Elles vont leur chemin dans les labours, se déchirent aux baies, s'écorchent aux pierres. Elles cherchent la rivière, qui mène à l'abîme. »[8] De même, la personne « mal dans sa peau » qui découvre une lueur de recouvrement de sa santé, à l'occasion d'une rencontre ou des échanges porteurs d'espoir de guérison, néglige tout ce qui a toujours fait la beauté ou la laideur de son environnement coutumier (la douleur, la consolation de l'entourage, le ressentiment et le chagrin quotidiens, etc.) et se concentre uniquement sur cette lueur d'espoir.

Tout opposé à cet enthousiasme explorateur des anguilles migratrices, ce conte indien qui invite à réfléchir sur la condition d'un aigle qui finit par se prendre pour un poulet :

> « Une vieille légende indienne raconte qu'un brave fermier trouva un jour un œuf d'aigle et le déposa dans le nid d'une poule de prairie. L'aiglon vit le jour au milieu d'une portée de poussins et grandit avec eux.
>
> Toute sa vie, l'aigle fit ce qu'une poule de prairie fait normalement. Il chercha dans la terre des insectes et de la nourriture, caqueta de la même façon qu'une poule, et, lorsqu'il volait, c'était dans un nuage de plumes et sur quelques mètres à peine. Après tout, c'est ainsi que les poules de prairie sont censées voler.
>
> Les années passèrent et l'aigle devint très vieux. Un jour, il vit un oiseau magnifique planer dans un ciel sans nuages. S'élevant avec grâce, il profitait des courants ascendants, faisant à peine bouger ses magnifiques ailes dorées.

---

[8] Antoine de Saint-Exupéry, *ibidem*.

- « Quel oiseau splendide !» dit notre aigle à ses voisins, qu'est-ce que c'est ?

- « C'est un Aigle, le roi des oiseaux !» caqueta sa voisine, mais il ne sert à rien d'y penser à deux fois, tu ne seras jamais un aigle... »

Ainsi l'aigle n'y pensa jamais à deux fois. Il mourut en pensant qu'il était une poule de prairie. »[9]

Comme le canard domestique changé en une minute en oiseau migrateur avant de revenir dans sa loge où il mange avant d'être mangé, l'aigle se contente juste de contempler un oiseau magnifique planant dans un ciel sans nuages, avant de mourir convaincu par ses voisins qu'il n'est pas un aigle mais une poule de prairie. Par ailleurs, dans la légende indienne, il y a un élément perturbateur qui vient influencer négativement la décision de l'aigle, soit les voisins qui conseillent le nivellement par le bas : « … mais il ne sert à rien d'y penser à deux fois, tu ne seras jamais un aigle ... ». Et laissant de cette manière les autres déterminer son destin, l'aigle oublie sa vocation naturelle. Ce serait le comble d'une mort ignoble décidée par la communauté dans les cas où la personne « mal dans sa peau » ne saurait pas se fier à sa propre intuition ni prendre son envol.

Abordant le second scénario, celui où la personne « mal dans sa peau » se mobiliserait suite aux événements et en tirerait profit pour elle et pour les autres, je proposerais un double paradigme biblique : l'ascension d'Elie et l'ascension de Jésus.

---

[9] Une vieille légende indienne, cf.
https://espritnatureletresistanceradicale.quora.com , consulté le 30 juin 2024.

Je relirais dans l'ancien testament le paradigme de l'ascension d'Elie et surtout de l'héritage spirituel qu'en aurait tiré Elisée : Il est en effet écrit dans le second livre des Rois :

> « Tandis qu'ils poursuivaient leur route tout en parlant, voici qu'un char de feu et des chevaux de feu les séparèrent l'un de l'autre ; Elie monta au ciel dans la tempête. Quant à Elisée, il voyait et criait : 'Mon père ! Mon père ! Chars et cavaleries d'Israël !' Puis il cessa de le voir. Il saisit alors ses vêtements et les déchira en deux. Il ramassa le manteau qui était tombé des épaules d'Elie, revint vers le Jourdain et s'arrêta sur la rive. Avec le manteau d'Elie, il frappa les eaux, mais elles ne s'écartèrent pas. Elisée dit alors : ''Où est le Seigneur, le Dieu d'Elie ?'' Il frappa encore une fois, les eaux se séparèrent et Elisée passa. » (*2 Rois* 2,11-14)

Elisée symbolise dans ce récit la personne « mal dans sa peau » depuis l'annonce de l'enlèvement du prophète Elie. Il s'attache au prophète et ne veut pas le lâcher ; mais le plan de l'Eternel finit par séparer les deux partenaires. A la différence du canard domestique qui trahit un enthousiasme sans lendemain, Elisée poursuit un projet stable qui lui donne l'audace de revendiquer « une double part de l'esprit d'Elie » (cf. *2 Rois* 2,9). Et c'est cet héritage qui lui a permis d'accomplir à son tour le miracle de la séparation des eaux. Le manteau d'Elie, porté désormais par Elisée, est le signe de la présence de l'esprit de Dieu sur lui. Dans cette optique, et par-delà les cris et agitations circonstanciels, la personne « mal dans sa peau » devrait avoir dans sa tête, non seulement l'envie d'être guérie comme dans l'exemple typique de Sarah ou celui des malades des récits bibliques de guérison, mais surtout l'ambition de gagner et de capitaliser tant la charge significative de son épreuve que l'héritage spirituel issu de la puissance qui opère dans le Messie de Dieu ou dans la personne qui agit en son Nom, à l'instar d'Elisée.

De même, le nouveau testament raconte l'ascension de Jésus : « A ces mots, sous leurs yeux, il s'éleva et une nuée vint le soustraire à leurs regards. Comme ils fixaient encore le ciel où Jésus s'en allait, voici que deux hommes en vêtements blancs se trouvèrent à leur côté et leur dirent : ''Gens de Galilée, pourquoi restez-vous là à regarder vers le ciel ? Ce Jésus qui vous a été enlevé viendra de la même manière que vous l'avez vu s'en aller vers le ciel.'' » (*Actes* 1,9-11)

Dans ce récit de l'ascension de Jésus, les apôtres symbolisent la personne « mal dans sa peau ». Ils sont gagnés par la distraction par rapport à leur responsabilité de témoins du Ressuscité. Contrairement aux anguilles et aux oiseaux migrateurs qui ne se conduisent que par l'instinct, et à la différence de l'aigle détourné de sa véritable vocation par des défaitistes voisins, les apôtres bénéficient de la guidance positive des missionnaires, celle de « deux hommes en vêtements blancs » (*Actes* 1,10) qui leur rappellent leurs responsabilités en tant que « témoins [du Ressuscité] à Jérusalem, dans toute la Judée et la Samarie, et jusqu'aux extrémités de la terre » (*Actes* 1,7-8).

Il est là pour la personne « mal dans sa peau » un appel à sortir du monde obsessionnel et onirique d'une guérison sans perspective d'avenir, à tirer profit de cette guérison et à se conduire désormais en témoin des merveilles de Dieu.

IV. Restauration de la confiance

LES AGITATIONS ET L'ENTHOUSIASME ILLUSOIRE décrits dans le chapitre précédent constituent des péripéties qui mènent au point culminant de la restauration de la confiance dans le chef de la personne « mal dans sa peau ». Je parle du point culminant de la restauration de la confiance parce que, dans son essence, la plainte exposée au prophète, au médecin ou à tout autre professionnel, selon les cas et le titre de la personne qui intervient dans le processus de la guérison, est toujours et déjà marquée d'espoir et de confiance.

Or, la présence de la personne porteuse de l'espoir de guérir ne suffit pas s'il n'y a pas dans celle-ci le sentiment de compassion, la force de conviction et la volonté de porter effectivement secours à la personne « mal dans sa peau » d'une part et, de l'autre, s'il n'y a pas dans la personne à guérir la bonne compréhension de la mission du premier (alors il y a méprise).

Je commencerais par le dernier cas. Le nouveau testament regorge d'exemples des rencontres manquées entre les protagonistes. Je retiendrais un premier texte qui concerne les apôtres en tant que collaborateurs directs de Jésus, un deuxième texte qui engage les foules qui suivent Jésus et un troisième texte qui décrit l'absence de conviction chez le guérisseur.

Dans le récit de l'ascension de Jésus qui vient d'être évoqué, les apôtres font preuve d'ignorance de la véritable mission de Jésus et, partant, de leurs responsabilités : « Seigneur, est-ce maintenant le temps où tu vas rétablir le Royaume pour Israël ? Il leur dit : ''Vous n'avez pas à connaitre les temps et les moments que le Père a fixés de sa propre autorité ; mais vous allez recevoir une puissance, celle du Saint Esprit qui viendra sur vous ; vous serez alors mes témoins à Jérusalem, dans toute la Judée et la Samarie, et jusqu'aux extrémités de la terre.'' » (*Actes* 1,6-8 ; cf. *Luc* 24,17-21)

Je tirerais un deuxième exemple, celui qui engage les foules derrière Jésus, dans le quatrième évangile à propos du signe du pain : « … Et quand ils l'eurent trouvé de l'autre côté de la mer, ils lui dirent : ''Rabbi, quand es-tu arrivé ici ?'' Jésus leur répondit : ''En vérité, en vérité, je vous le dis, ce n'est pas parce que vous avez vu des signes que vous me cherchez, mais parce que vous avez mangé des pains à satiété. Il faut vous mettre à l'œuvre pour obtenir, non pas cette nourriture périssable, mais la nourriture qui demeure en vie éternelle, celle que le Fils de l'homme vous donnera, car c'est lui que le Père, qui est Dieu, a marqué du sceau.'' » (*Jean* 6,22-27)

Je terminerais par un troisième exemple, celui des exorcistes qui prétendent agir au nom de Dieu, mais qui manquent la force de la conviction nécessaire pour une telle opération. J'évoquerais à ce propos la mésaventure des exorcistes juifs : « ... Des exorcistes juifs itinérants entreprirent à leur tour de prononcer, sur ceux qui avaient des esprits mauvais, le nom du Seigneur Jésus ; ils disaient : ''Je vous conjure par ce Jésus que Paul proclame !'' Sept fils du grand prêtre juif, un certain Scéva, s'essayaient à cette pratique. L'esprit mauvais leur répliqua : ''Jésus, je le connais et je sais qui est Paul. Mais vous, qui êtes-vous donc ?'' Et, leur sautant dessus, l'homme qu'habitait l'esprit mauvais prit l'avantage sur eux tous avec une telle violence qu'ils s'échappèrent de la maison à moitié nus et couverts de plaies ... » (*Actes* 19,11-17).

Il ressort de ces textes choisis qu'il y a véritablement des rencontres manquées entre le comportement messianique de Jésus et les prétentions des partenaires en présence. Ces rendez-vous manqués s'expliqueraient largement par le fait que Jésus est un personnage mystérieux et incompris. Il a une mission, mais aussi une méthodologie missionnaire que ses partenaires, hantés par une quête effrénée du salut immédiat, ne parviennent pas toujours à intégrer. Aujourd'hui, partant des comportements semblables, certains n'hésiteraient pas à imposer leurs propres approches du salut-guérison aux envoyés de Dieu, comme le prétendit autrefois Naamân face au prophète Elisée.

Je reviendrais ensuite au premier cas, celui de la personne porteuse d'espoir, qui peut réaliser ou décevoir ledit espoir.

Dans l'étude de ce cas, je commencerais également par la dernière éventualité : la personne porteuse d'espoir fait piètre figure et se trouve dans l'impossibilité de donner satisfaction à la personne « mal dans sa peau ». C'est le cas très fréquent aujourd'hui, celui des charlatans ; mais c'est aussi le cas des disciples de Jésus dans le récit de la guérison d'un enfant possédé : « Maitre, je t'ai amené mon fils : il a un esprit muet. L'esprit s'empare de lui n'importe où, il le jette à terre et l'enfant écume, grince des dents et devient raide. J'ai dit à tes disciples de le chasser et ils n'en ont pas eu la force. […] » (*Marc* 9,14-18)

Abondant dans le sens de la première éventualité, celle de la personne porteuse d'espoir qui joue positivement son rôle, je préférerais reprendre en exemple la suite du même texte de la guérison d'un enfant possédé : « Génération incrédule, jusqu'à quand serai-je auprès de vous ? Jusqu'à quand aurai-je à vous supporter ? Amenez-le-moi ! […] » (*Marc* 9,19-29) Dans ce dernier exemple, Jésus vient restaurer la confiance du parent qui a vécu « mal dans sa peau » depuis que son enfant a commencé à subir la méchanceté de l'esprit muet.

Cet excursus m'amène à rejoindre mes exemples de départ. A propos de l'aveugle de Jéricho, il faudrait rappeler les sentences encadrées qui soulignent le rôle des gens de la foule qui, d'opposants à la démarche du malade, en viennent à changer d'attitude en acceptant de répercuter l'écho de l'appel de Jésus à l'aveugle : « Confiance, lève-toi, il t'appelle. » (*Marc* 10,49b) L'intervention de gens de la foule m'autorise à parler de la mission du missionnaire inconnu.[10]

En effet, dans le nouveau testament, l'esprit d'obéissance à la voix du Seigneur ne se limite pas aux seuls Apôtres ni aux hommes apostoliques. Il appelle au contraire à être attentif et à s'ouvrir davantage à des occasions favorables au salut-guérison. Il s'empare ainsi de toute personne choisie par le Seigneur lui-même pour marquer un tournant significatif dans l'histoire du salut. Ainsi, Caïphe tranche

---

[10] Cf. Arthur LUBWIKA, *Evangile du treizième apôtre*, Generis Publishing, 2020, p. 47-49.

prophétiquement le débat au Conseil à l'occasion de la résurrection de Lazare : « Vous n'y comprenez rien et vous ne percevez pas que c'est votre avantage qu'un seul homme meure pour le peuple et que la nation ne périsse pas tout entière. » (*Jean* 11,49-50) ; l'estimé Docteur pharisien Gamaliel intervient providentiellement au Sanhédrin en faveur de la libération des apôtres : « Israélites, prenez bien garde à ce que vous allez faire dans le cas de ces gens. […] N'allez pas risquer de vous trouver en guerre avec Dieu ! » (*Actes* 5,33-39) ; pour sauver l'annonce de l'Evangile, le fils de la sœur de Paul (qui parait avoir résidé à Jérusalem, peut-être avec sa mère) révèle au tribun le complot tramé contre son oncle : « Mais le fils de la sœur de Paul eut vent du guet-apens ; il se rendit à la forteresse, y entra et prévint Paul » (*Actes* 23,16), etc. Dans cette optique, l'hostilité passagère de « beaucoup [qui] le rabrouaient pour qu'il se taise » (*Marc* 10,48a) n'a pas bloqué l'aspiration du malade à être enfin guéri ni l'élan messianique de Jésus. Il s'est fait entendre de la foule des voix pour accompagner la démarche de l'aveugle, c'est-à-dire pour inviter ce dernier à restaurer son espoir de recouvrer la vue à l'occasion de sa rencontre personnelle avec Jésus. La confiance de l'aveugle est donc ravivée dès lors qu'il a appris que sa prière intérieure était exaucée et que Jésus acceptait de le recevoir : « Confiance, lève-toi, il t'appelle. » (*Marc* 10,49)

Dans une telle perspective, la voix du missionnaire inconnu devient un paradigme pour toute personne éprise de compassion pour les personnes en détresse et désireuses de rencontrer un prophète, un médecin ou tout autre praticien dans son domaine. Il ne serait pas superflu de préciser en contexte que le missionnaire inconnu tend à s'affranchir de la pesanteur des églises dominées par leurs dogmatiques pour s'adresser à des individus en églises ou en dehors des églises, mais en toute hypothèse, à des individus en détresse et en quête d'une totale réhabilitation : la personne « mal dans sa peau » reçoit le missionnaire pour ce qu'il est ; et, à cette occasion, les deux partenaires se défont de l'esprit d'appartenance ecclésiale dans leur démarche commune en signe d'une communication réussie.

Ainsi, l'action du missionnaire inconnu est soutenue par le Seigneur qui désavoue les fossoyeurs de la personne « mal dans sa peau » et qui encourage cette dernière dans sa démarche, marquant par là le début de la véritable restauration de la confiance entre le malade qui espère recouvrer la santé et Jésus qui est investi de cette mission selon l'Ecriture : « L'Esprit du Seigneur est sur moi parce qu'il m'a conféré l'onction pour annoncer la bonne nouvelle aux pauvres. Il m'a envoyé proclamer aux captifs la libération et aux aveugles le retour à la vue, renvoyer les opprimés en liberté, proclamer une année d'accueil par le Seigneur. » (*Luc* 4,18-19). Et la confiance de la personne « mal dans sa peau » se concrétise dès que l'audience est effectivement ouverte : « Et lui adressant la parole, Jésus dit : ''Que veux-tu que Je fasse pour toi ?'' » (*Marc* 10,49-51a ; cf. *Luc* 18,40-41) ; « Jésus, le voyant gisant, et sachant qu'il a (cette maladie) depuis longtemps déjà, lui dit : ''Veux-tu recouvrer la santé'' ? » (*Jean* 5,6). Toute personne « mal dans sa peau » aspire à s'entendre dire un jour, de la part du prophète, du médecin ou de tout autre expert-praticien : « Que veux-tu que je fasse pour toi ? » Toutes ces questions diversement formulées n'ont qu'une visée : savoir ce que la personne « mal dans sa peau » veut exactement dire à travers ce qu'elle peut dire en guise de réponse. Mais cela ne va pas de soi, comme le disent les Psys :

> « Il est certainement trop simple d'admettre qu'il suffit d'écouter quelqu'un pour être sûr de l'avoir compris. Il arrive bien souvent que

cette personne cache le plus important sous des tournures et des allusions accessoires ; ou bien que, dans sa crainte des autres, elle se trouve forcée de camoufler ses véritables pensées et ses sentiments derrière des expressions parfaitement contraires ; par peur d'être déçu, on peut déclarer *a priori* qu'on ne veut absolument pas de ceci ou de cela, alors qu'en réalité il n'y a rien à quoi on aspire davantage. C'est donc exact : pour comprendre quelqu'un, il s'agit d'entendre très exactement ce qu'il dit *à la façon* dont il le dit – parle-t-il tristement, avec crispation, ou avec gaieté forcée, avec une nonchalance jouée, avec hésitation, à la façon de quelqu'un qui se sent traqué ? [...] »[11]

Si pour le Jésus des évangiles toutes ces questions ont trouvé leurs réponses, il n'y va pas de même pour le missionnaire aujourd'hui. L'écoute empathique et attentive des préoccupations de la personne « mal dans sa peau », des éléments de réponses qu'elle peut en donner quand la question de savoir ce qu'on attend d'elle lui est posée, tout appelle non seulement l'intuition spirituelle de la personne qui pose la question, mais en plus sa compétence – scientifique, dirais-je – dans le domaine d'intervention. J'en appelle à l'intuition et à la compétence du prophète, du médecin ou de tout autre expert-praticien, puisqu'il existe plusieurs raisons ou mobiles qui sont susceptibles de bloquer la personne « mal dans sa peau » lors de la consultation quant à répondre directement à la question « Que puis-je faire pour toi ? ». En m'appuyant sur une réponse suggérée par l'intelligence artificielle développée par *OpenAI*, je donnerais ici quelques-unes de ces raisons de blocage.

Une personne « mal dans sa peau » peut se sentir embarrassée ou gênée par la nature de son problème de santé, surtout s'il est de nature

---

[11] Eugen DREWERMANN, *Psychanalyse et exégèse,* Tome 2, p. 192.

personnelle ou intime. Il peut aussi arriver qu'elle craigne d'être jugée pour son style de vie, ses choix de santé passés, ou leurs symptômes. Une autre personne « mal dans sa peau » peut ne pas se sentir suffisamment en confiance pour divulguer des détails importants au praticien, surtout si elle ne le connaît pas bien ou si elle a eu des expériences négatives dans le passé. Le contexte même de l'entretien spirituel ou de la consultation médicale peut susciter de l'anxiété chez la personne « mal dans sa peau », ce qui peut rendre difficile l'expression claire de son problème et l'amener par exemple à user des métaphores inexactes et à dissimuler la réalité du mal vécu. Bien plus, la personne « mal dans sa peau » peut ne pas réaliser à quel point certains détails peuvent être pertinents pour le diagnostic et le traitement, ce qui peut l'amener à minimiser ou à omettre des informations importantes. Aussi la personne « mal dans sa peau » peut-elle parfois être intimidée par le jargon ou le registre langagier utilisé par le praticien, ce qui peut la pousser à éviter de poser des questions ou de clarifier des points importants.

C'est pourquoi, pour surmonter ces obstacles et d'autres encore, il serait essentiel que le prophète, le médecin ou le praticien créent un niveau communicationnel précis en évitant notamment un langage sclérosé, ainsi qu'un environnement accueillant et non-jugeant, où la personne « mal dans sa peau » se sente en sécurité pour discuter ouvertement de ses tourments. Une communication claire et empathique de la part du professionnel peut également aider à rétablir une relation de confiance – donc à restaurer la confiance, encourageant ainsi la personne « mal dans sa peau » à s'ouvrir davantage.

Je ne conclurais pas ce chapitre sans encourager particulièrement les hommes et les femmes qui, pour des motifs divers et souvent injustes, sont rejetés par leurs communautés de foi et par leurs coreligionnaires ou sont contraints moralement à abandonner leur vocation et leur mission religieuses spécifiques. Pour en parler, je proposerais en contexte chrétien une disposition spéciale de l'évangile de mission : « Or quand ils vous persécuteront dans cette ville, fuyez dans l'autre ; et si dans l'autre ils vous persécutent, fuyez (encore) dans l'autre ; car en vérité je vous (le) dis, vous n'achèverez pas les villes d'Israël avant que ne vienne le Fils de l'homme. » (*Matthieu* 10,23 ; cf. 24,13). La relecture de ce passage évangélique m'autorise à me pencher, parmi les interprétations possibles, sur le principe de persévérance et de résilience qui ouvre sur l'affirmation de soi dans les interactions socio-professionnelles. En effet, les traitements malencontreux que subissent ces femmes et ces hommes, également disciples du Christ, constituent justement un des grands défis face auxquels, en véritable compagnon de route, je ne pourrais rester indifférent ni garder silence. Et j'écris justement ce livre pour aider ces derniers, voyageurs comme moi et voyageurs avec moi, à ne jamais abandonner complètement lorsque les choses deviennent difficiles ; à ne pas se laisser enfermer dans le cercle des problèmes du petit monde auquel ils appartiendraient, au détriment de l'humanité qu'ils devraient servir par vocation ; à toujours rester persévérants face aux oppositions supposées ou avérées sur le parcours ; à embarquer d'autres femmes et hommes encore plus nombreux dans leur voyage missionnaire ; à continuer courageusement leur mission ailleurs, s'il le faut, car c'est pour eux une occasion de sortir de leur égo, sur l'appel du Seigneur, pour aller à la rencontre des autres qui ne seraient pas nécessairement de leur cercle traditionnel des familiers. Je terminerais ma relecture par cette invite évangélique : « Allons ailleurs dans les bourgs voisins, pour que je j'y proclame aussi l'Evangile : car c'est pour cela que je suis sorti. » (*Marc* 1,38 ; cf. *Jean* 10,16)

V. Libération de la parole

*« Notre vie commence à s'arrêter le jour où nous gardons le
silence sur les choses importantes. »*
(Martin Luther King Jr.)

*« Les mots du silence sont des mots très rares qu'on ne trouve
dans aucun livre, qui restent coincés dans la poitrine, qui se
glissent parfois jusqu'à la gorge mais n'arrivent pas jusqu'à la
bouche. Les mots du silence ne sont pas faits pour être entendus
avec les oreilles. Les mots du silence se murmurent avec des
gestes infimes et des mimiques immobiles, s'écoutent avec le cœur,
se gardent au profond de soi, dans le discours des émotions ... »*
(Jacques Salomé)

DE LA CONFIANCE RESTAUREE, la personne « mal dans sa peau » se
tourne vers l'horizon *Effata,* vers un monde ouvert au salut du Christ
par le dialogue franc qui reflète la puissance d'une parole libératrice. Je
me rappelle justement un poème dialogué que j'avais intitulé *Les muets
endeuillés*[12] dans lequel je déplorais pour ainsi dire la lâcheté ou la
complicité des victimes des systèmes oppressifs, réduites au silence ou
aux jérémiades par l'effet d'impuissance. Et dans la même ligne je
publiais *Horizon Effata*[13] où j'ouvrais les perspectives d'une vie
chrétienne dominée par l'indicatif du dialogue franc ou de la liberté
d'expression. Autrement dit, ce dernier titre n'était pas un appel à
s'enfermer dans un monde clos ni à s'ouvrir à un monde bafoué par
l'excentricité des intérêts inavoués et hostiles à la réalisation de la

---

[12] Arthur LUBWIKA, *Les muets endeuillés. Poème dialogué,* Collection « Le
temps de mes vers », n° 10, Kananga – Malole, 1991.
[13] Arthur LUBWIKA, *Horizon Effata,* Editions La Colombe, Lubumbashi, 2002.

conscience individuelle, mais bien plutôt une invitation à recouvrer la conscience de soi dans tout procès de relation à autrui. Car, faute d'une telle opération de retour à soi occasionnée par la restauration de la confiance ou une opération d'éveil à des dimensions nouvelles de la conscience, la personne « mal dans sa peau » serait constamment conviée à des rendez-vous manqués avec son sauveur. Je clorais mes réminiscences en rappelant une de mes récentes publications intitulée *Le péché de l'abbé Chrétien* où j'abordais justement le thème de « la libération de la parole » dans sa deuxième partie.[14]

Au fur et à mesure que l'on progresse dans le processus devant mener à la restauration de la confiance, les événements s'accélèrent et la parole se libère. Désormais, la personne « mal dans sa peau » s'ouvre d'abord à elle-même, se dresse dans sa pleine stature d'homme ou de femme en vue de retrouver son droit à être personnelle et, par conséquent, à s'exprimer en tant qu'un sujet appelé à une existence libre et autonome et dévoile enfin son manque : « Rabbouni, que je voie ! » (*Marc* 10,50b ; cf. *Luc* 18,41) ; « Seigneur, je n'ai personne pour me jeter dans la piscine lorsque l'eau est agitée ; tandis que j'y vais, un autre descend avant moi. » (*Jean* 5,7), etc. Autrement dit, dans le cas de l'aveugle de Jéricho et dans d'autres semblables, la personne au départ « mal dans sa peau » prend conscience d'être faite elle aussi à la ressemblance divine (cf. *Genèse* 1,27) et s'invite par la parole à advenir à la pleine existence et à recouvrer la pleine dignité, imitant ainsi son Créateur dans le mystère de la création du monde par la parole « Dieu dit … et cela fut ! » (cf. *Genèse* 1) : « Seigneur, que je voie ! ».

---

[14] Cf. Arthur LUBWIKA, *Le péché de l'abbé Chrétien,* Generis Publishing, 2020, p. 87 et suiv.

Par ailleurs, comme je viens de dire dans le chapitre précédent, il faudrait toujours chercher à comprendre avec compétence le sens profond des réponses données par la personne en détresse qui aspire éperdument à saisir l'occasion de recouvrer sa dignité. La « prière-cri » de Bar Timée s'inscrirait ainsi dans le genre des prières fonctionnelles en termes de « prières de demande de faveurs » qui supposent par conséquent l'éventualité d'exaucement ou d'inexaucement, d'autant plus qu'une prière fonctionnelle se concentre souvent sur des formules ou des récitations préétablies sans toujours impliquer une profonde connexion émotionnelle ou spirituelle ni exprimer une relation intime avec Dieu – comme c'est le cas d'une prière du cœur qui exprime authentiquement les émotions et les besoins de l'orant. A ce propos, dans son livre *Psychologie des expériences religieuses,* André Godin écrit notamment :

> « La persévérance dans les prières pour obtenir des « faveurs », malgré l'expérience même répétée de leur inexaucement (à la limite ces prières viennent buter, tôt ou tard, sur le fait inéluctable de la mort), manifeste probablement que les croyants priant de cette façon s'inspirent d'une visée fonctionnelle, largement indépendante de l'exaucement. [...] Toute prière de demande de faveur, visant une modification de la réalité, aurait ainsi une portée fonctionnelle : elle transformerait d'abord, si peu que ce soit, le sujet priant. Il se présenterait ainsi, sauf distorsion magique ou révolte consécutive, à l'acceptation du réel quel qu'il soit (guérison *ou* mort, pour ne prendre que ce cas-limite). »[15]

Partant, il y a lieu de lire dans la « prière-cri » de l'aveugle, par-delà l'éventualité d'exaucement ou d'inexaucement de son ardent désir de recouvrer la vue, un double signe de confiance : la confiance latente qui

---

[15] André GODIN, *Psychologie des expériences religieuses. Le désir et la réalité,* Le Centurion, p. 44-45.

caractérise la plainte initiale de la personne « mal dans sa peau » et la confiance retrouvée en celui qui réalise le miracle de guérison. Sans ces deux faces de la confiance, le miracle est comme compromis. C'est ce qui peut se lire par exemple dans le symbole de la résistance de Naamân, chef de l'armée du roi d'Aram, quand il réfute les propos du prophète Elisée :

« Naamân vint avec ses chevaux et son char et s'arrêta à l'entrée de la maison d'Elisée. Elisée envoya un messager pour lui dire : ''Va ! Lave-toi sept fois dans le Jourdain : ta chair deviendra saine et tu seras purifié.'' Naamân s'irrita et partit en disant : ''Je me disais : 'Il va sûrement sortir de chez lui et, debout, il invoquera le nom du Seigneur son Dieu, passera la main à l'endroit malade et délivrera le lépreux.'' L'Abana et le Parpar, les fleuves de Damas, ne valent-ils pas mieux que toutes les eaux d'Israël ? Ne pouvais-je pas m'y laver pour être purifié ?'' Il fit demi-tour et s'en alla furieux. » (*2 Rois* 5,9-12)

Le symbole de la résistance au prophète, au médecin ou à tout autre praticien, tel qu'il se dégage de cet extrait du second livre des Rois rappelle celui de la rencontre manquée entre Jésus et le jeune homme riche : « ... Mais à cette parole, il (le riche) s'assombrit et il s'en alla tout triste, car il avait de grands biens. » (*Marc* 10,22) Alors que le texte évangélique crée un trou sémantique quant à l'ultime décision du jeune homme riche, il est par contre précisé que Naamân se rétracta par la suite et qu'il fut *in fine* purifié. Cette leçon rejoint quelque peu la parabole évangélique des deux fils, avec sa paire de chiasmes entre un fils qui oppose une résistance de principe et finit par obéir à la volonté de son parent d'une part et, de l'autre, un fils qui dit un oui de façade à son parent et en fin de compte ne s'exécute pas (cf. *Matthieu* 21,28-32).

Il ressort de l'ensemble des cas que le symbole de la résistance à l'autorité qui opère la réparation du mal ressenti demeure un véritable obstacle au salut de la personne « mal dans sa peau ». Plus positivement, seul le symbole de la coopération avec la personne porteuse de solution ouvre la voie vers la guérison. Et c'est en vertu de cette coopération positive que la personne « mal dans sa peau » parvient à prendre conscience de la grandeur de sa vocation en tant qu'elle est pétrie à la ressemblance du divin et, par conséquent, à hériter de l'énergie spirituelle du guérisseur qui rend la personne capable d'une parole qui émarge directement de ses sentiments, de ses pensées et de ses besoins profonds : « Seigneur, que je voie ! »

Sur cette lancée, je pousserais plus loin mon interprétation jusqu'à lire, dans les paroles émanant de la personne qui prie ainsi sincèrement, des performatifs, c'est-à-dire des paroles capables de réaliser par le fait de leur émission également sincère et profonde la guérison de la personne « mal dans sa peau ». Une telle guérison serait, non une parole prononcée directement par le thaumaturge en présence, mais le résultat d'un « captage à distance » de l'énergie spirituel de ce dernier par le malade. Ainsi, la cogitation de la femme hémorroïsse qui croit qu'elle peut être sauvée seulement en touchant les vêtements de Jésus, et qui a effectivement obtenu la guérison (cf. *Marc* 5,28) ; la conviction du centurion de Capharnaüm qui croit que son serviteur peut être guéri au seul mot sorti de la bouche de Jésus, sans que cela ne nécessite son intervention *in praesentia,* et qui a effectivement obtenu cette guérison (cf. *Matthieu* 8,8) ; la démarche surprenante de Zachée pour voir personnellement Jésus, et qui l'a effectivement vu, voire reçu dans son toit (cf. *Luc* 19,3), ainsi que les « cris-prières » de nombreuses personnes « mal dans leur peau » internées dans leurs chambres les plus retirées, et qui ont effectivement été exaucées (cf. *Matthieu* 6,6), etc., peuvent être rapprochés de la quête et de l'obtention des guérisons par le « captage à distance » des énergies spirituelles du thaumaturge, dans la mesure où celui-ci ouvre parfois une brèche à une telle interprétation en accordant la guérison à toutes ces personnes.

VI.   Parole de libération

> *« Rien n'est plus puissant qu'une idée dont le temps est venu. »*
> (Victor Hugo)

LE PROCESSUS DE GUERISON de la personne « mal dans sa peau », mais une personne déjà préparée à accueillir le bien-être, atteint son paroxysme avec la force de la parole de libération prononcée par l'autorité de guérison : « Va ; ta foi t'a sauvé. » (*Marc* 10,52a ; cf. *Luc* 18,42) ; « Talitha Qoum ! (*Marc* 5,41) ; « Effata ! » (*Marc* 7,34) ; « Lève-toi, prends ton grabat et marche. » (*Jean* 5,8), etc.

Il faudrait d'entrée de jeu noter que les exemples qui précèdent répondent au schéma classique et stéréotypé des récits de guérison. Généralement, ces récits comportent cinq points : 1) l'introduction présentant le cas ; 2) la demande d'intervention qui manifeste la confiance du demandeur ou de son entourage ; 3) l'intervention de celui à qui on demande le miracle ; 4) le résultat obtenu, et 5) la réaction des spectateurs (crainte, admiration, etc.). C'est dans cette perspective que Naamân, par exemple, s'attendait classiquement à l'intervention et aux paroles de libération de la part du prophète Elisée : « Je me disais : 'Il va sûrement sortir de chez lui et, debout, il invoquera le nom du Seigneur son Dieu, passera la main à l'endroit malade et délivrera le lépreux. » (*2 Rois* 5,9 et suiv.)

A ce propos, il serait important de faire preuve de discernement, car beaucoup d'exorcistes, voire des charlatans qui prétendent avoir des capacités de purification spirituelle sans en avoir ni les compétences requises ni la formation appropriée ni la reconnaissance par leurs autorités religieuses compétentes, procèdent de la même manière. La confiance tant évoquée entre la personne « mal dans sa peau » et la personne porteuse de solution ne devrait pas étouffer le sens du discernement au point de culminer dans l'exploitation du malade naïf par le malin prétendu exorciste. D'où il serait conseillé de chercher des praticiens sérieux, éprouvés et reconnus lorsque des pratiques spirituelles sont recherchées. Aujourd'hui, en effet, en véritables marchands de purification spirituelle, beaucoup d'exorcistes se mettent en vedette et vont jusqu'à organiser publiquement des campagnes d'évangélisation et de guérisons ou de miracles. La crise socio-économique aidant, beaucoup de personnes « mal dans leur peau » se ruent à leur suite dans l'espoir de trouver des solutions miraculeuses à leurs problèmes. Et souvent, il n'y a rien de tel ! Il faudrait avoir un peu de retenue devant ces scènes exhibitionnistes plutôt à but lucratif dans la plupart des cas.

Par contre, la pratique de Jésus dans ce domaine invite à plus de discrétion ou de circonspection, même si, dans son cas, l'on parle souvent du secret messianique. Ainsi, dans le récit de la guérison du sourd-muet et dans d'autres du même genre, Jésus privilégie la mise à l'écart du malade, suivie de la consigne du silence, loin du public : « … Le prenant loin de la foule, à l'écart, … » (*Marc* 7,33 ; cf. *Marc* 5,40-43). En pratique, dans les évangiles, Jésus recourt à la technique de la mise à l'écart de la personne à guérir pour entre autres raisons potentielles[16] :

---

[16] Je paraphrase ici des idées proposées par une intelligence artificielle développée par *OpenAI*.

- *Foi et intimité :* Jésus chercherait parfois à créer un espace intime entre lui et la personne à guérir, afin de renforcer la foi de cette personne en lui. En privé, il peut discuter avec elle, prier avec elle et lui offrir des encouragements personnels. Cette façon de faire et cette visée spirituelle ne sont pas adaptées aux scènes qui se font en public, souvent pour attirer l'attention des hommes sur la personne du thaumaturge, tel que cela pourrait se lire sur les affiches publicitaires ou s'entendre dans les communiqués qui passent sur différents médias aujourd'hui.

- *Enseignement discret :* en mettant la personne à guérir à l'écart, Jésus éviterait parfois une trop grande publicité autour des miracles qu'il accomplit, peut-être pour éviter la foule sensationnaliste ou les autorités religieuses qui chercheraient à l'empêcher d'accomplir ses œuvres. Contrairement à cette pratique qui privilégie la discrétion, beaucoup de thaumaturges contemporains aiment se donner en spectacle pour conquérir les croyants et les engager dans la quête de leurs intérêts inavoués.

- *Discernement spirituel :* Jésus pourrait également vouloir éviter que la personne guérie ne soit trop affectée par l'attention publique, préférant un retour discret à sa vie quotidienne. Cela permettrait aussi à Jésus de s'assurer que la guérison n'est pas utilisée à des fins politiques ou lucratives. Aujourd'hui, c'est justement cette visée politique et économique qui dominerait les cœurs de la plupart des thaumaturges cachés dans « les églises de la prospérité ».

- *Révélation progressive :* Jésus préférerait parfois guérir en privé pour préparer progressivement ses disciples et ses proches à comprendre sa mission messianique. Aujourd'hui, cette dimension mystique fait largement défaut dans la vie et le ministère de la plupart des thaumaturges dits chrétiens qui risqueraient, par leurs goûts du paraître, de cacher la dimension mystique de la mission chrétienne.

- *Technique pédagogique :* la mise à l'écart des malades par Jésus servirait souvent à des fins pédagogiques, spirituelles et pratiques, permettant une interaction plus profonde entre lui et les personnes qu'il guérit. Aujourd'hui, la plupart des thaumaturges « chrétiens » recourent plutôt aux guérisons publiques comme guet-apens en vue de leur propre gloire et des intérêts temporels derrière lesquels ils courraient.

Pour une meilleure intelligence de la pédagogie de Jésus qui consiste à emmener parfois le malade à l'écart de la foule pour le guérir, je proposerais d'écouter ce qu'en pensent les Psys :

> « La meilleure façon de comprendre ce mode de guérison, c'est de penser à ce qui se passe en psychothérapie, en notant seulement que le récit concentre sur un seul instant ce qui s'étale autrement dans le temps. Dans le traitement psychothérapeutique, il faut parfois des mois ou des années pour ''emmener quelqu'un à l'écart de la foule'' et le conduire à prendre un peu d'indépendance par rapport aux jugements et aux impressions des autres, à se *défouler,* […] Il faut souvent encore plus longtemps à quelqu'un pour commencer à croire que l'intervention d'un tiers ne signifie pas forcément risque d'aliénation, et que l'étranger ne tient pas à tout prix à lui fourrer de l'extérieur quelque chose dans la bouche ou à lui boucher les oreilles. […] Le malade doit patiemment accepter de franchir toutes ces étapes de la maturation vers la découverte de soi-même, avant de pouvoir entendre résonner à ses oreilles l'''ouvre-toi'' qui le guérira.[17] »

---

[17] Eugen DREWERMANN, *Psychanalyse et exégèse.* Tome 2, p. 175.

La parole de libération qui émane d'un véritable thaumaturge vient donc réaliser la guérison de la personne « mal dans sa peau », au terme d'un processus de pratique thérapeutique, mais aussi après des délais variables de souffrance : douze ans, pour la femme hémorroïsse (*Marc* 5,25) ; trente-huit ans, pour le paralytique de la piscine de Bézatha (*Jean* 5,5) ; quatre-vingts ans pour la prophétesse Anne qui, comme Syméon, attendait la consolation d'Israël (*Luc* 2,25.36-37) ; depuis l'enfance, pour l'enfant possédé (*Marc* 9,21) et pour l'aveugle de naissance (*Jean* 9,1), etc.

C'est la même parole de libération que les apôtres – et avec eux, la plupart des disciples – auraient voulu entendre de la bouche de Jésus (*Luc* 24,21 ; *Matthieu* 27,47 ; *Actes* 1,6, etc.) ; que l'apôtre Paul a signifié en ces termes : « Et vous, qui étiez morts à cause de vos fautes et de l'incirconcision de votre chair, Dieu vous a donné la vie avec lui : il nous a pardonné toutes nos fautes, il a annulé le document accusateur que les commandements retournaient contre nous, [...] » (*Colossiens* 2,13-14) ; que tous les damnés de la terre et les victimes de l'injustice et de la méchanceté du monde veulent entendre – dans leurs propres idiomes – des femmes et des hommes de notre temps !

Parmi ces paroles de libération que je résume dans la formule « Reprends courage, le Seigneur t'appelle ! », j'aimerais revenir particulièrement sur ce thème développé par Paul : « ... ayant effacé l'obligation [décret auquel quelqu'un est soumis par sa signature] qui était contre nous, laquelle consistait en ordonnances et qui nous était contraire, et il l'a ôtée en la clouant sur la croix » (*Colossiens* 2,14).[18] Paul fait référence à l'œuvre rédemptrice de Jésus-Christ sur la croix en

---

[18] Dans ce paragraphe, je m'inspire notamment de la lecture suggérée par *OpenAI*.

utilisant en contexte une métaphore juridique pour illustrer ce que Jésus a accompli par sa mort et sa résurrection. D'une part, par sa mort sur la croix, Jésus « a annulé le décret rédigé contre nous », c'est-à-dire qu'il a pardonné nos péchés et enlevé ainsi la condamnation qui pesait sur nous à cause de ces péchés ; autrement dit, il a effacé la dette que nous devions à Dieu en raison de nos transgressions. D'autre part, « il l'a supprimé en le clouant à la croix », dans la mesure où la mort de Jésus a été le moyen par lequel l'annulation de ce décret a été accomplie. En mourant sur la croix, en effet, Jésus a payé le prix fort pour nos péchés et a ainsi permis à ceux qui croient en lui d'être réconciliés avec Dieu.

Pour comprendre les soubassements de cette théologie du salut, il faudrait peut-être rentrer dans le judaïsme pour relire cette prière liturgique du *Yom Kippour* ou le jour du Grand Pardon : « Par ta grande miséricorde, efface tous les documents qui nous accusent[19] », exprimant par là une supplication pour le pardon et la rédemption. Ainsi, pour se purifier spirituellement et rétablir sa relation avec Dieu, l'orant lui demande d'annuler tous les vœux non tenus et toutes les promesses non réalisées qu'il pourrait lui avoir faits, mais qu'il n'a pas réussi à accomplir au cours de l'année précédente. Partant, il faudrait lire dans le passage de Paul, qui évoque « l'annulation du décret signé contre nous », une parole de libération du chrétien, mais aussi une parole de réconciliation avec Dieu à travers le mystère de la mort et de la résurrection de Jésus.

Une question qui pourrait se poser aujourd'hui : dans quelle mesure la mort et la résurrection de Jésus annuleraient-elles pareillement les décrets que prennent les autorités religieuses en termes de sanctions

---

[19] Prière extraite du *Kol Nidrei,* et récitée lors du service du soir de *Yom Kippour.*

canoniques contre les ministres et/ou les croyants de leurs religions ? Du point de vue théologique, le passage de *Colossiens* 2,14 parle de la manière dont les croyants sont libérés des péchés et des accusations contre eux à travers la mort de Jésus sur la croix : « Il a effacé l'acte dont les ordonnances nous condamnaient et qui subsistait contre nous, et il l'a détruit en le clouant à la croix. ». Il faudrait dire qu'interpréter ce passage biblique en relation avec les décrets et les sanctions canoniques des autorités religieuses aujourd'hui est complexe et dépend beaucoup de l'interprétation théologique et doctrinale spécifique de chaque tradition religieuse. En fait, *Colossiens* 2,14 parle spécifiquement de la rédemption par Jésus-Christ et de la libération des croyants de la condamnation du péché. Il souligne la libération spirituelle et la réconciliation avec Dieu par la grâce ; tandis que les décrets et les sanctions canoniques des autorités religieuses sont en principe basés sur l'interprétation de la doctrine, des Ecritures et des règles canoniques spécifiques de chaque religion. Ils visent souvent à réguler la vie et la discipline religieuse au sein de la communauté et peuvent varier en termes de gravité et de réversibilité selon les règles établies par chaque religion.

Ainsi perçu, le passage de *Colossiens* 2,14 n'est pas directement lié aux décrets et sanctions canoniques émis par les autorités religieuses au cours de l'histoire des peuples croyants. Et se proposer d'interpréter ce passage biblique pour critiquer ou justifier les sanctions canoniques prises par les autorités religieuses contemporaines nécessiterait une analyse prudente et respectueuse des traditions religieuses spécifiques, étant donné que les parallèles directs sont souvent difficiles à établir sans une compréhension profonde des contextes historique, théologique et juridique. D'où il serait rare d'appliquer directement des passages bibliques comme *Colossiens* 2,14 pour justifier spécifiquement des décrets ou des sanctions. Car, le message de rédemption de *Colossiens* 2,14 informe la théologie sur la grâce et la rédemption ; cela veut autrement dire que la théologie chrétienne y compris la doctrine de la rédemption, informe la foi et la vie spirituelle des fidèles. L'application de ce passage néotestamentaire dans le cadre des décrets et sanctions canoniques devrait se faire avec circonspection au terme des procès justes et équitables, ainsi que moyennant une compréhension plus large des enseignements des Eglises spécifiques, plutôt que par une correspondance directe qui serait le fruit d'une exégèse accommodatice.

A ce niveau, une seconde question pourrait se poser : est-ce pour autant que l'on pourrait penser qu'en matière des décrets et sanctions canoniques les autorités religieuses chrétiennes se penchent plus sur le droit que sur la théologie chrétienne de la rédemption ? Dans la plupart des décrets dont j'ai pu personnellement prendre connaissance, en effet, il est quasi rare d'y lire des références aux saintes Ecritures. Théoriquement, la réponse est donc « Non ! ». Les décisions canoniques sont en théorie prises en tenant compte de principes doctrinaux et ecclésiastiques plus larges, guidés par une interprétation systématique des droits ecclésiastiques ; mais en pratique les sanctions contre le personnel ecclésiastique seraient actuellement plus des actes d'autodéfense ou de règlements des comptes que des mesures qui viseraient à corriger le « délinquant ». Car, aujourd'hui, derrière chaque mesure punitive, se cacherait un prince qui voudrait se faire bien voir et qui, visiblement, voudrait être promu ou bien veut éviter des ennuis.

Toutefois, la plupart des autorités religieuses accordent en principe une grande importance à la théologie chrétienne, y compris à la doctrine de la rédemption des fidèles par Jésus-Christ. Ainsi, l'Eglise catholique romaine intègre à la fois la théologie chrétienne et le droit canonique dans son enseignement et dans ses pratiques, même si leur application directe dans les décisions canoniques spécifiques est rare et limitée. Le passage de *Colossiens* 2,14 y est souvent interprété théologiquement plutôt que directement appliqué juridiquement. Il est alors crucial de comprendre que l'application spécifique des passages bibliques comme *Colossiens* 2,14 dans le cadre des décrets et sanctions canoniques est généralement indirecte et n'est pas la méthode principale utilisée dans le processus décisionnel canonique.

Par ailleurs, ce discours relevant des jugements plutôt humains ne prend pas totalement en compte le calcul divin. Ainsi, en parlant du salut d'Israël infidèle, Paul croit que tout ne serait pas perdu pour le peuple élu et qu'un jour il se convertirait ; ce qui a pu faire jaillir de son cœur une hymne de louange à la grande miséricorde de Dieu : « O profondeur de la richesse, de la sagesse et de la science de Dieu ! Que ses jugements sont insondables et ses voies impénétrables ... » (*Romain* 11,33-36). De même faudrait-il évoquer l'axe de la verticalité dans le procès de l'application directe ou indirecte de *Colossiens* 2,14 quant à l'annulation éventuelle des décrets et sanctions canoniques des autorités religieuses contre une catégorie des croyants. Un exemple simple peut être lu dans la libération « miraculeuse » des apôtres : « Mais, pendant la nuit, l'ange du Seigneur ouvrit les portes de la prison, les fit sortir ... » (*Actes* 5,17-21). Il s'agit donc ici d'un paradigme qui dépend totalement de Dieu, par-delà tous les aléas des interprétations de l'exégèse scientifique. Ce nouveau paradigme est nettement résumé dans le Deutéro-Isaïe : « ... vos pensées ne sont pas mes pensées et mes chemins ne sont pas vos chemins, oracle du Seigneur ... Ainsi se comporte ma parole du moment qu'elle sort de ma bouche : elle ne retourne pas vers moi sans résultat, sans avoir exécuté ce qui me plaît et fait aboutir ce pour quoi je l'avais envoyée » (*Isaïe* 55,8-11). Cette parabole encadrée souligne l'efficacité sans pareille de la parole transcendante. Elle permet aussi d'appréhender la logique divine, celle de la toute-puissance : « Rien n'est impossible de la part de Dieu » (*Luc* 1,37 ; cf. *Genèse* 18,14 ; *Marc* 10,27 b). De cette manière, ceux qui s'appuient sur le Seigneur sont inébranlables, fi fait des inadéquations observées dans la pratique des hommes et des injustices ou irrégularités qui peuvent affecter les jugements des autorités religieuses au cours de l'histoire. Dieu assure la victoire à ses élus fidèles : « J'ai accordé mon aide à un brave, j'ai exalté un jeune homme de mon peuple. J'ai trouvé David mon serviteur, je l'ai sacré avec mon huile sainte. Solide, ma main sera près de lui et mon bras le rendra fort. » (*Psaumes* 89/88,20-22)[20]

Enfin je noterais d'une part que, bien que *Colossiens* 2,14 traite de la libération spirituelle des croyants par Jésus-Christ, son application directe aux décrets et sanctions canoniques actuels nécessiterait, en pratique et au cas pour cas, tant une interprétation théologique et canonique prudente qu'une réflexion profonde propre à chaque tradition religieuse, et de l'autre, que la recherche de l'équilibre entre le théologique et le juridique serait nécessaire, sans oublier la logique des interventions souveraines de Dieu en faveur de ses élus.

---

[20] Cf. Arthur LUBWIKA, *Le péché de l'abbé Chrétien,* Generis Publishing, 2020, p. 147.

VII. Appel à l'action

> *« Notre plus grande peur n'est pas que nous ne soyons pas à la hauteur. Notre plus grande peur est que nous sommes puissants au-delà de toutes limites. »*
> (Nelson Mandela)

LA PAROLE DE LIBERATION n'est pas une exonération de la personne naguère « mal dans sa peau » ; mais bien un appel à l'action et à un engagement responsable : « Et aussitôt il vit. Et il le suivait sur le chemin. » (*Marc* 10,52b ; cf. *Luc* 18,43) ; « Aussitôt ses oreilles s'ouvrirent, sa langue se délia, et il parlait correctement (*Marc* 7,35) ; « Et aussitôt l'homme recouvra la santé et il prit son grabat et il marchait. » (*Jean* 5,9). J'évoquerais dans l'ancien testament l'exemple du roi Josias qui, après la découverte du livre de la Loi au temple et après en avoir pris connaissance et adhéré à son contenu, passa directement à l'action et prit l'engagement de mener la réforme en Juda et en Israël : « Debout sur l'estrade, le roi conclut devant le Seigneur l'alliance qui oblige à garder ses commandements, ses stipulations et ses décrets de tout son cœur et de tout son être en accomplissant les paroles de cette alliance qui sont écrites dans ce livre. Tout le peuple s'engagea dans l'alliance. » (*2 Rois* 23,3).

Dans le contexte du nouveau testament, avant d'analyser les réactions des personnes ayant bénéficié de guérisons mystiques, j'ajouterais cet avertissement de Jésus à Pierre en particulier : « Simon, Simon, Satan vous a réclamés pour vous secouer dans un crible comme on fait pour le blé. Mais moi j'ai prié pour toi afin que ta foi ne disparaisse pas. Et toi, quand tu seras revenu, affermis tes frères. » (*Luc* 22,31-32) Je noterais dans cet avertissement d'une part la dénonciation de l'incursion de Satan dans le monde et, de l'autre, l'intercession de Jésus assortie d'un appel à l'engagement. Jésus est conscient des astuces et de la présence de Satan dans le monde, voire dans le cœur des disciples : incompréhensions, malentendus, frustrations, tracas, tracasseries, calomnies, rejets, isolements, esseulements, innocence sans preuves, tout dessine un tableau hostile à une véritable vie de foi dans le chef de ses disciples en particulier. D'où Jésus se met à prier pour eux avant de leur confier à leur tour une mission similaire. Pour mon propos, c'est la dernière partie de l'avertissement qui mérite plus d'attention : « Et toi, quand tu seras revenu, affermis tes frères. » Comment comprendre ce discours ?

D'une part, pour tenter d'expliquer le premier élément phrastique « quand tu seras revenu », je dirais en relisant l'ancien testament que c'est au Seigneur que revient en priorité la qualité du « revenir de sa colère », dans la mesure où c'est lui qui prend l'initiative de pardonner à son peuple : « Je les guérirai de leur infidélité, je leur prodiguerai mon amour, car je suis revenu de ma colère. » (*Osée* 14,5) Ainsi, la conversion du peuple, c'est-à-dire son retour au Seigneur son Dieu, est une marque de l'obéissance de la foi au Seigneur qui s'est par avance révélé comme le Dieu qui pardonne et prend pitié. C'est fort de ce présupposé théologique que le prophète invite le peuple, dans les mêmes termes, au retour à une vie nouvelle : « Reviens donc, Israël, au Seigneur ton Dieu, car ta faute t'a fait trébucher. » (*Osée* 14,2). Dans un autre registre, je relirais, toujours en intertexte, la parodie des fils d'Isaac et de Rebecca qui applique le symbole du « retour de la colère » plutôt à un humain : « Voici que ton frère Ésaü veut se venger de toi en te tuant, mon fils, écoute-moi ; debout ! Fuis chez mon frère Laban à

Hanân. Tu habiteras avec lui quelque temps *jusqu'à ce que ton frère revienne de sa colère* » (*Genèse* 27,42-44). Dans ce récit, la réconciliation est supposée au moment où Ésaü digère sa colère, quand il revient de sa colère. Le passage d'une fraternité meurtrière à une fraternité réconciliée est médiatisée par une période d'incubation que j'appellerais « le temps du revenir, du retourner aux sentiments normaux et harmonieux ».

Dans cette optique, le « quand tu seras revenu » supposerait une période de conversion, de réconciliation avec soi-même, avec autrui, avec son environnement, avec Dieu. Il s'agirait du temps nécessaire pour que des parties ayant évolué en cycles de corruption, de séparation ou de possession satanique se rattrapent et refassent l'unité et l'harmonie enfin retrouvée. Et Pierre qui est d'abord compté parmi les disciples réclamés par Satan, mais qui en est ensuite délivré grâce à la prière de Jésus en vue de la mission d'édifier les autres (*Luc* 22,31-32), a besoin du temps pour comprendre et intégrer le sens de ladite mission. Au moment où la communication entre le Maître et le disciple se passe, en effet, ce dernier n'est pas encore « revenu en lui-même ». Ce n'est que quand il aura ruminé et compris le message lui communiqué par Jésus que le disciple Pierre sera résolu à faire de même : à affermir « ses frères », étant donné qu'il se réalisera avoir déjà été lui-même affermi par son Maître. C'est dans ce sens que pourrait s'interpréter le futur : « quand tu seras revenu ».

De cette manière, face à la dérive de notre monde qui passe de l'excellence à la médiocrité et de la sainteté à la perversité par une culture effrénée des antivaleurs, le prophète emboite le pas au protagoniste de la nouvelle alliance et avertit ses frères et sœurs tout en les invitant à restaurer, en toute patience, leur confiance en Dieu. Car, le processus de réconciliation ou d'affermissement des personnes « mal dans leur peau » suppose un temps relativement long pour les protagonistes désireux d'obtenir des résultats efficaces et stables.

D'autre part, l'avertissement de Jésus à Pierre se termine par un appel à l'engagement : « … affermis tes frères ! ». Avant la prière de Jésus pour ses disciples, ceux-ci étaient comme agis et possédés par Satan ; ils avaient perdu leur liberté intérieure et, pour la recouvrer, la prière de Jésus s'imposait. A présent, les disciples – et en particulier Pierre – sont rendus capables de « venir vers eux-mêmes », c'est-à-dire de « revenir en eux-mêmes » pour agir désormais de manière responsable, pour suivre Jésus en tant que sujets personnels et conscients de leurs choix. C'est à ce sommet d'une existence mature et éclairée que Jésus a amené Pierre avant de lui confier la mission d'affermir les autres, « ses frères ». Autrement dit, dans un environnement dominé par des façons d'agir propres à Satan, la refondation de la vie spirituelle ou le recours aux fondamentaux de la vie spirituelle, par la prière d'intercession notamment, est un préalable à la réussite de la mission « prophétique ». Jésus le sait par avance ; et Pierre ne l'intégrera pleinement que plus tard, pendant l'exercice de la mission apostolique, selon l'auteur de la première épître de Pierre : « J'exhorte donc les anciens qui sont parmi, moi qui suis ancien avec eux et témoin des souffrances du Christ, moi qui ai part à la gloire qui va être révélée : Paissez le troupeau de Dieu qui vous est confié […] par dévouement. » (*1 Pierre* 5,1-4)

Ceci dit, je reviens aux réactions des personnes guéries qui, dans le nouveau testament, sont diverses selon les circonstances et d'après les consignes données par Jésus, l'auteur du miracle :

« Il est clair qu'en cela il procédait toujours de façon non dogmatique.
C'est ainsi qu'il n'hésitait pas à demander à Zachée, le chef douanier
que tous évitaient à cause de sa richesse ''injuste'', de l'accueillir pour
la nuit, car ''lui aussi était fils d'Abraham'' (Luc 19,9). Il renvoya en
revanche le jeune homme riche, alors que celui-ci avait sûrement
acquis honnêtement son bien, parce qu'il n'était pas prêt à vendre tout
ce qu'il avait pour en donner l'argent aux pauvres (Marc 10,21). Il se
comportait de façon différente suivant les cas, en tenant chaque fois
compte des situations et des problèmes : si la question essentielle était
la dépendance de l'argent, il demandait qu'on se séparât de ses biens,
et, si elle était l'isolement social, il cherchait à jeter un pont entre
l'intéressé et la communauté. C'est ainsi qu'il avait consenti à ce que
Marie Madeleine, mais aussi toute une série de femmes qu'il avait
guéries de leur ''possession'', se joignissent à lui ; une femme aussi
vaillante que Jeanne, l'épouse de Chusa, haut fonctionnaire d'Hérode,
avait renoncé à son foyer et s'était séparée d'un mari dont le maître
devait bientôt décider la condamnation de ce gêneur qu'est le
prédicateur ambulant de Nazareth (Luc 8,2-3). »[21]

Ainsi perçu, chaque personne guérie, selon son cas, est appelée à
prendre sa vie entre ses mains et à suivre Jésus selon le chemin lui
indiqué. Cet engagement à suivre Jésus reste le fil conducteur de la vie
de la personne bénéficiaire de la miséricorde divine. Rejeter cette ligne
de conduite, c'est-à-dire refuser de vivre désormais en fonction du don
reçu, équivaut à s'exposer à un mal beaucoup plus grave que celui dont
on a été guéri : « Te voilà bien portant : ne pèche plus de peur qu'il ne
t'arrive pire encore ! » (*Jean* 5,14) ; car le retour offensif de l'esprit
impur est fatal (cf. *Matthieu* 12,43-45 ; *Luc* 11,24-26). C'est d'ailleurs
ce pourquoi, tout en demandant à la personne guérie de prendre ses
responsabilités face à son destin, Jésus justifie en même temps sa propre

---

[21] Eugen DREWERMANN, *Psychanalyse et exégèse,* p. 200-201

présence missionnaire : « Mon Père travaille jusqu'à maintenant, moi aussi je travaille » *(Jean* 5,17*),* répondit-il aux Juifs qui stigmatisait son comportement face au respect du sabbat.

Par ailleurs, la réaction de Jésus face aux pièges des Juifs rappelle en intertexte celle de Jérémie poussé par le Seigneur au combat pour la parole, malgré les sévices dont il est victime à cet effet de la part de ses compatriotes : « Seigneur, tu as abusé de ma naïveté, oui, j'ai été bien naïf : avec moi tu as eu recours à la force et tu es arrivé à tes fins. » (*Jérémie* 20,7-10) De même, dans le nouveau testament, après avoir été saisi par Jésus-Christ (cf. *Philippiens* 3,12), Paul interprète le ministère de l'annonce de la parole comme une nécessité qui lui incombe : « Car annoncer l'Evangile n'est pas un motif d'orgueil pour moi, c'est une nécessité qui s'impose à moi : malheur à moi si je n'annonce pas l'Evangile. » (*1 Corinthiens* 9,16).

Cependant, dire ce qui précède ne signifie pas que toute personne guérie de son mal dans le cadre du ministère chrétien doive devenir nécessairement ministre de la parole. L'engagement à la suite de Jésus, dont il est question ici, n'a son plein sens que dans la mesure où il se réalise en conformité avec le don de Dieu reçu. C'est pourquoi, comme je l'ai signifié plus haut, le bénéficiaire de la grâce de la guérison physique ou spirituelle doit être aussi bien attentif à la consigne donnée que capable de l'interpréter ou d'exiger sa bonne interprétation, dans le contexte.

Ainsi, l'aveugle, le paralytique, le sourd-muet, etc., qui recouvrent la santé se découvrent avant tout comme des personnes valides et, donc, capables non seulement du ministère chrétien de la parole, mais surtout du témoignage par la vie et par la parole. Ayant été éprouvés par la vie, mais sauvés par la grâce, ils peuvent se constituer par exemple en des organisations pour la défense des droits humains, pour la protection des personnes vulnérables, pour la promotion de l'entrepreneuriat pour tous, etc., chacun selon le don reçu à l'occasion de sa guérison ou selon son inspiration, spontanément.

Outre ces professions en ligne directe du mal vécu et soigné, il existe notamment plusieurs professions libérales où des personnes ayant surmonté des handicaps physiques ou des défis personnels pourraient s'épanouir. Voici quelques exemples[22] :

- *Coach de vie ou coach personnel* : ces professionnels aident les individus à atteindre leurs objectifs personnels, à assumer des obstacles et à améliorer leur bien-être global. Leur expérience personnelle de surmonter un handicap pourrait être un atout pour comprendre et soutenir leurs clients.
- *Consultant en accessibilité* : une personne qui a elle-même fait face à des défis d'accessibilité en raison d'un handicap pourrait apporter une perspective unique à ce domaine. Elle pourrait conseiller des entreprises sur la manière de rendre leurs produits, services et environnements plus accessibles.
- *Thérapeute ou conseiller en réadaptation* : ces professionnels aident les individus à récupérer après une maladie, un accident ou une situation de handicap. Ayant vécu une expérience similaire, ils pourraient offrir un soutien particulièrement empathique et efficace.
- *Ecrivain ou conférencier motivant* : une personne qui a surmonté des défis personnels peut choisir de partager son histoire à travers

---

[22] Réponses générées par ChatGPT, une intelligence artificielle développée par OpenAI.

l'écriture de livres, d'articles ou en donnant des conférences inspirantes pour motiver et éduquer les autres.

- *Entrepreneur ou consultant en développement personnel* : créer une entreprise axée sur le développement personnel, la motivation ou l'inspiration pourrait être une voie intéressante pour quelqu'un ayant un handicap et ayant un message fort à transmettre.
- *Formateur en compétences professionnelles ou personnelles* : offrir des formations sur des sujets tels que la communication, la gestion du temps, ou le leadership, en se concentrant sur des méthodes adaptatives et inclusives, pourrait être une belle opportunité.

Ces professions ne se limitent pas aux personnes ayant recouvré une pleine santé physique, mais englobent également celles qui ont bénéficié d'un encadrement socio-économique ou spirituel pour surmonter des obstacles. Leur expérience peut, non seulement être un exemple inspirant, mais une source de compétences et de connaissances précieuses pour aider les autres dans des domaines similaires. De cette manière, leur guérison, mieux leur libération de captivités ayant marqué négativement leur vie, deviendrait le leitmotiv qui les pousserait à l'action pour obtenir un changement positif pour les autres. Autrement dit, leur libération du « mal vécu dans leur peau » marquerait le début des actions déterminées en vue d'un changement positif pour tous, bien-portants ou malades potentiels.

Je clôturerais ce moment d'appel à l'action par l'exhortation de la personne guérie à l'action de grâce. Tout ce que je viens de dire dans ce point risquerait de se limiter à l'incitation à l'activisme sans dimension spirituelle. Or, dans le contexte de ce livre, la guérison s'origine d'abord dans la volonté de Dieu qui écoute la prière et qui délivre le malade du mal vécu ; ce qui invite ce malade à entonner, en signe de reconnaissance, une action de grâce. Je l'illustrerais par le symbole de la guérison d'Ezéchias dans l'ancien testament :

> « En ces jours-là, Ezéchias fut atteint d'une maladie mortelle. Le prophète Isaïe, fils d'Amoç, vint le trouver et lui dit : ''Ainsi parle le Seigneur : Donne des ordres à ta maison, car tu vas mourir, tu ne survivras pas.'' Ezéchias tourna son visage contre le mur et pria le Seigneur. [...] La parole du Seigneur fut adressée à Isaïe : ''Va et dis à Ezéchias : Ainsi parle le Seigneur, le Dieu de David ton père : J'ai entendu ta prière et j'ai vu tes larmes. Je vais ajouter quinze années au nombre de tes jours. [...]'' » (*Isaïe* 38,1-8)

Ayant survécu à sa maladie grâce à l'intervention miraculeuse du Seigneur, Ezéchias dit une profonde prière d'action de grâce : « ... Seigneur, puisque tu m'as sauvé, faisons retentir nos instruments tous les jours de notre vie, devant la Maison du Seigneur. » (*Isaïe* 38,9-20)

Il ressort du symbole d'Ezéchias que l'action de grâce, en tant qu'une prière du cœur, mais aussi une prière fonctionnelle, est un paramètre important que ne pourrait négliger une personne qui a bénéficié de la remise en état de santé par la main de Dieu. Elle demeure l'expression de gratitude sincère et de reconnaissance personnelle envers Dieu pour les bienfaits reçus de ce dernier. Elle pourrait inclure également – et c'est ici l'aspect fonctionnel de cette prière – la reconnaissance et la gratitude exprimées de manière spécifique pour les bénédictions reçues, ainsi que la demande pour la grâce continue de Dieu.

Rétrospective et conclusion

Au terme de ce parcours, je suis habité de modestie et d'espérance. De modestie, puisque je suis convaincu que je n'ai pas écrit un manifeste, un catéchisme qui viserait à recenser toutes les expériences malheureuses vécues par les femmes et les hommes de notre temps. Les exemples choisis l'ont été à titre de fil conducteur pour éclairer la personne « mal dans sa peau » et pour emmener celle-ci à comprendre que tout n'est pas perdu, à cause du malheur innocemment, passivement, consciemment ou accidentellement vécu.

D'espérance aussi, puisque ce livre s'enracine profondément dans l'appel à restaurer la confiance en Dieu, en dépit des difficultés et des défis rencontrés dans la vie. Au milieu de ces épreuves, pourtant, une présence encourageante est là : Jésus-Christ qui rassure chaque personne « mal dans sa peau » que l'espoir est permis.

Pour le dire en termes simples, j'ai choisi de partir du genre littéraire des récits des miracles en focalisant mes analyses sur le symbole de la maladie, tel qu'il se dégage de la guérison de l'aveugle de Jéricho (*Marc* 10,46-52 et par.).

Au cours d'une relecture du prétexte évangélique, basée sur le modèle de la pyramide de Gustav Freytg, mon attention a été focalisée sur le climax ou le moment de la tension maximale où l'antagonisme vient souvent freiner les efforts du protagoniste. A ce stade, il s'est agi du moment de la restauration, voire de la réactivation de la confiance dans l'âme de la personne « mal dans sa peau », étant donné que de par sa nature, la plainte du malade est toujours et déjà marquée d'espoir et de confiance. Ce moment peut être décrit dans une structure concentrique : A – B – A'. Selon cette structure littéraire, il sied de commencer par l'étude des moments « A » et « A' » (« A » prime), pour terminer par l'analyse du moment « B ».

Premièrement, les moments « A » et « A' ». D'abord, le moment « A » ou l'attention médiate de Jésus aux cris du malade : « Et Jésus s'arrêtant dit : « Appelez ! » (*Marc* 10,49). C'est à distance que Jésus entend les cris du malade. Cela voudrait dire que pour toute personne soucieuse de la restauration de la confiance de son semblable « mal dans sa peau », l'écoute empathique commence dès lors qu'elle apprend de quelque manière (en présentiel, en ligne, au téléphone, dans un journal, à l'occasion d'une conférence ou d'un salon scientifique, dans un centre expert, etc.) que ce dernier est en difficulté et que, en conséquence, il nécessite qu'une assistance lui soit apportée. Cela voudrait également dire que la personne « secouriste » accepterait d'arrêter ou de sacrifier fût-ce momentanément son temps et ses activités ordinaires pour accorder toute son attention à la personne « mal dans sa peau », peu importent les modalités ainsi que les circonstances des temps et des lieux où elle l'apprendrait.

Ensuite, le moment « A' » (« A » prime) ou l'attention immédiate de Jésus face au malade : « Et lui adressant la parole, Jésus dit : ''Que veux-tu que je fasse pour toi ?'' » (*Marc* 10,51a) Ce moment est le plus attendu par la personne « mal dans sa peau » : la rencontre personnelle avec son « sauveur/guérisseur » ! Toute rencontre manquée du genre replongerait le malade dans un plus grand mal, si pas irréparable, mais en toute hypothèse inoubliable. Cela affecte même des grandes personnalités. Ainsi, Jacques Gaillot qui n'a cessé de regretter en son temps le rendez-vous manqué avec le pape Jean-Paul II : « En décembre dernier, j'avais demandé à rencontrer le pape Jean-Paul II pour m'expliquer sur mes interventions et manifester ma communion avec l'évêque de Rome. Ces jours-ci, le nonce qui est à Paris m'a transmis la réponse de Rome : elle est négative. Le pape ne me recevra pas, au moins dans l'immédiat. Je regrette que l'entrevue souhaitée ne soit pas accordée et qu'un évêque qui en fait la demande ne puisse pas être reçu par le pape. »[23] Par contre, Jésus qui était déjà ému de la souffrance du malade, encore à distance, matérialise en présentiel son attention en demandant au malade de dire ouvertement son aspiration profonde, par-delà les solutions provisoires dont il s'est toujours contenté : « Que puis-je faire pour toi ? »

Deuxièmement, le moment « B » ou la médiation des gens de la foule qui, naguère hostiles au malade, acceptent enfin de répercuter l'appel du malade par Jésus, ainsi que l'obéissance de la foi de la part du malade : « Et ils appelèrent l'aveugle lui disant : ''Confiance ! lève-toi, il t'appelle !'' Lui, ayant rejeté son manteau, ayant bondi, vint à Jésus. » (*Marc* 10,49-50). Dans le processus de la restauration de la confiance, à défaut de l'intercession directe du malade lui-même, la médiation de l'entourage en faveur de la personne « mal dans sa peau » garde toute son importance. Souvent, c'est l'entourage qui rapporte le cas du malade, voire amène celui-ci auprès du guérisseur (cf. *Marc* 2,3-5 et par.). Dans la plupart des cas, excepté certainement ceux des possédés encore sous l'empire de Satan, à l'instar de la réaction du fou de Capernaüm – il y a 2000 ans (cf. *Marc* 1,24), le malade trouve dans cette médiation le secours qu'il attend et adhère quasi religieusement aux démarches de son entourage. Quand bien même un malade serait

---

[23] Jacques GAILLOT, *Monseigneur des autres,* Editions du Seuil, 1989, p. 190.

révolté du fait de son mal apparemment sans réparation immédiate, étant noté que l'éventualité d'inexaucement n'est pas à exclure a priori, la médiation patiente de l'entourage est toujours souhaitée, car le salut de la personne « mal dans sa peau » en dépend aussi. Et la réaction positive du malade reflète le début de la restauration de sa confiance tant en lui-même que dans son entourage et enfin dans le prophète, le médecin ou l'expert-praticien, comme le suggérerait ce passage d'André Godin que j'ai déjà évoqué dans ce livre : « Se dire dans la totalité de ses désirs, des plus modestes ou plus sublimes, n'est-ce pas précisément une chance ouverte par la prière ? N'est-ce pas déjà une transformation de la situation, même la plus dramatique (…), que de commencer à l'apercevoir à travers cette fenêtre ouverte par la supplication religieuse ? »[24]

Il ressort de l'analyse de la structure du climax « A – B – A' » que le centre de ce dernier est au point « B », soit au moment de la médiation assurée par les gens de la foule : « Confiance, lève-toi, il t'appelle. » Autrement dit, le rôle du médiateur se situe entre d'une part le pôle du Seigneur qui écoute à distance le cri de la personne en détresse et, de l'autre, le pôle du même Seigneur qui se rend proche de la même personne en détresse. En effet, entre le Seigneur qui connait le besoin de la personne « mal dans sa peau » avant qu'elle ne le lui demande (cf. *Matthieu* 6,8) et le même Seigneur qui s'identifie par empathie à la même personne « mal dans sa peau » (cf. *Matthieu* 25,40.45), se retrouve le médiateur inconnu qui crie, tel un prophète austère : « Reprends courage, le Seigneur t'appelle ! »

---

[24] André GODIN, *ibidem*.

Cependant, il pourrait arriver que le médiateur joue un rôle négatif dans le processus qui mène vers la restauration de la confiance. Ce sont les cas par exemple des voisins de l'aigle dans la légende indienne, qui convainquent l'aigle qu'il n'a pas le droit de réfléchir deux fois, car il n'est pas un aigle mais une poule de prairie ; des gens de la foule qui rabrouent l'aveugle pour qu'il se taise (cf. *Marc* 10,48a) ou des disciples qui rabrouent des gens qui amènent des enfants à Jésus (cf. *Marc* 10,13 et par.) ; des propos malsains de certains conseillers : « Dans ce diocèse il ne faut pas dire la vérité ; sinon on se laisse griller. Même moi, quand je pars chez le Vicaire général, je ne dis jamais rien de profond. Nous causons sur les bagatelles et on se sépare. […] Tu ne le peux pas ! Sinon on dira que c'est toi qui les (les critiques contre l'autorité ecclésiastique) fomentes … »[25] ; des administratifs qui interviennent dans la chaîne de transmission des informations, mais qui empêchent certains demandeurs d'audiences de rencontrer personnellement l'autorité hiérarchique, etc. Dans pareilles circonstances, le discernement, la persévérance, ainsi que la volonté de guérir de la personne « mal dans sa peau » seraient fortement sollicités pour l'amener à ne pas laisser les autres déterminer son destin ni lui faire oublier ce qu'elle est vraiment ! D'où l'importance d'une formation de base axée sur des méthodologies qu'une personne « mal dans sa peau » pourrait suivre pour rencontrer personnellement le « guérisseur », en déjouant les obstacles du parcours. Cette formation de base est très importante puisque tous les « guérisseurs » n'ont pas toujours la même intuition mystique que celle de Jésus qui sait pénétrer à distance les pensées des uns et des autres et intervenir directement en

---

[25] Arthur LUBWIKA, *Je garderai la même confiance*, p. 23.

cassant parfois la chaîne de transmission, tout pour rendre à la personne « mal dans sa peau » une dignité sans exclusive : « Appelez-le ! »

C'est l'écho de cette voix du Seigneur qui traverse en filigrane ce livre, s'entend à l'oreille du « guérisseur » et motive par voie de conséquence ce dernier à s'opposer aujourd'hui au fatalisme et à la résignation vis-à-vis des cris de détresse de la personne « mal dans sa peau » et à inviter cette dernière à restaurer sa confiance tant envers soi-même qu'envers les autres, mais enfin envers Dieu.

Partant, une personne « mal dans sa peau » qui atteindrait un tel degré de compréhension et de confiance serait quasiment appelée à passer, par-delà toute tentative d'abandon, de la résilience à l'affirmation de soi. Ce passage naturel consécutif à la stratégie d'appel à l'action, étant donné que la guérison obtenue ne peut laisser passive la personne naguère « mal dans sa peau », pourrait être interprété comme une « réanimation graduelle » de la personne, allant du dépassement du pessimisme en passant par la volonté de faire face aux défis et de se remettre du mal vécu, pour retrouver enfin sa capacité à s'exprimer de manière assertive et à gérer les interactions sociales de manière constructive, tout en respectant également les droits et les opinions des autres et en favorisant par le fait même des relations plus saines et plus équilibrées avec son environnement. Dans l'exemple tiré du signe de l'aveugle de naissance, cette maturation se fait déjà sentir dans la détermination du malade guéri : « Je ne sais si c'est un pécheur ; je ne sais qu'une chose : j'étais aveugle et maintenant je vois. » (*Jean* 9,25) Toutefois, l'affirmation de soi ainsi manifestée devrait s'accompagner par la suite des actions concrètes entendues comme fruits de la guérison. Dans le contexte de l'aveugle de naissance, comme dans la plupart des récits des miracles, il s'agirait des actes de parole : « … j'étais aveugle et maintenant je vois » (*Jean* 9,25) ; « Je crois, Seigneur » (*Jean* 9,38), etc. Et dans le cadre de ce livre, j'inviterais la personne guérie à aller au-delà de ces actes de langage, caractéristiques de bien des personnages bibliques, pour répondre, par une sincère action de grâce au Dieu des miracles et par un véritable engagement dans les interactions sociales, aux appels à l'action découlant logiquement de l'exhortation à restaurer la confiance : « Reprend courage, le Seigneur t'appelle ! »

Répertoire des références

1. Bibliographie

- DREWERMANN Eugen, *Psychanalyse et exégèse.* Tome 2, Edition du Seuil, mars 2001 (pour la version française).

- GAILLOT Jacques, *Monseigneur des autres,* Editions du Seuil, 1989.

- GODIN André, *Psychologie des expériences religieuses. Le désir et la réalité,* Le Centurion, 1981.

- LUBWIKA Arthur, *Evangile du treizième apôtre*, Generis Publishing, 2020.

  -------, *Horizon Effata,* Editions La Colombe, Lubumbashi, 2002.

  -------, *Je garderai la même confiance,* Kabinda, novembre 2005.

  -------, *Le péché de l'abbé Chrétien,* Generis Publishing, 2020.

  -------, *Les muets endeuillés. Poème dialogué,* Collection « Le temps de mes vers », n° 10, Kananga – Malole, 1991.

- MUNDA TSH. BADIBANGA Jeannette, *Mal dans ma peau,* Paulines Editions, Kinshasa, 1999.

2. Webographie

- ANTOINE DE SAINT-EXUPERY, cité par Bernard BRO dans "Apprendre à prier", cf. www.patriciagendrey.co, consulté le 18 juin 2024.

- Pyramide de Gustav Freytag, cf. http://www.seraphim-marc-elie.fr/article-32378796.html, consulté le 18 juin 2024.

3. Intelligence Artificielle

- ChatGPT, une intelligence artificielle développée par OpenAI.

Table des matières

Préface.. 7

Avant-propos... 9

I.   Mal dans ma peau 21

II.   Présence inspiratrice...................................... 25

III.   Enthousiasme inédit..................................... 29

IV.   Restauration de la confiance...................... 37

V.   Libération de la parole 47

VI.   Parole de libération..................................... 53

VII.   Appel à l'action 63

Rétrospective et conclusion................................ 73

Répertoire des références 81

Table des matières 83

La pyramide de Gustav FREYTAG

La pyramide de Gustav Freytag a été élaborée par le dramaturge allemand Gustav Freytag. Après avoir analysé les tragédies grecques et le théâtre Shakespearien, il a tenté de décrire la construction d'une histoire en cinq et en sept étapes. Dans ce livre, j'ai adopté le schéma en sept étapes. Voici.

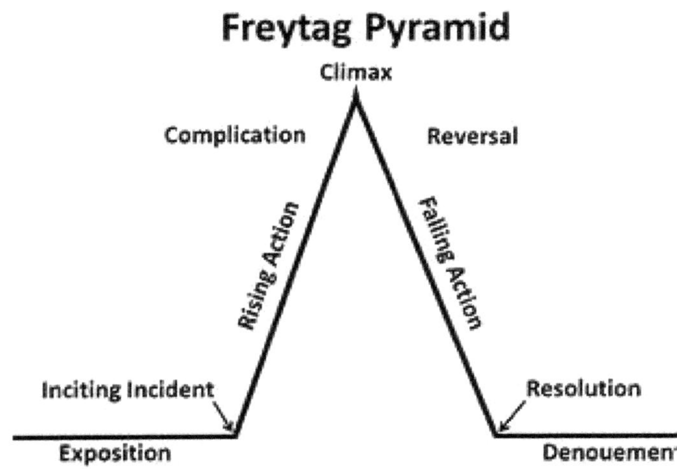

Du même auteur

- *Détruisez cette église : le royaume de Dieu apparaitra,* Préface du professeur Gaston Kankolongo, Editions Croix du Salut, 2023.
- *Le péché de l'abbé Chrétien : Quand interpréter c'est libérer,* Préface de Stephan Houtman, Editions Generis Publishing, 2020.
- *La mission du treizième apôtre aujourd'hui,* Editions Generis Publishing, 2020.
- *Je bâtirai mon Eglise. Une lecture de Matthieu 16,18,* préface du professeur Adrien Munyoka Mwana Cyalu, Editions Universitaires Européennes / Editions Croix du Salut, 2017.
- *Dimanche sans messe en Afrique profonde,* préface du professeur J.-J. Kapenga, Edilivre, 2015.
- *Méditation sur l'identité chrétienne aujourd'hui.* Préface d'Ignace Berten, L'Harmattan, 2012.
- *Affermis tes frères,* « Témoins de la foi 5 », Kabinda, 2003.
- *Mgr Matthieu KANYAMA. Père et Pasteur,* préface du professeur Placide Kitengie Kembe, postface du professeur Alphonse Ngindu Mushete, « Témoins de la Foi 3 », Lubumbashi, 2002.
- *Sermon scandale. Malaise d'un théologien,* Kabinda, 2000.
- *Les enjeux de la vocation missionnaire. Réflexions sur le martyre de Jean-Baptiste,* Kabinda, 1999.
- *La Bible chrétienne du futur. Perspectives africaines,* Kabinda, 1999.
- *La vie des consacrés dans une église chrétienne libre. Sacrifice ou libération ?,* Kabinda, 1998.
- *Nouvelle traduction des psaumes en Ciluba,* préface du professeur Lambert Museka Ntumba, Kananga, 1995.

- *Où demeures-tu ? Réflexions sur les critères d'appel,* Kananga, 1989.
- *L'appel de Saül de Tarse. Paradigmes de la vocation de « prophète »,* Kananga, 1989.
- *Pourquoi suis-je devenu prêtre ?* Kananga, 1989.

Printed by Books on Demand GmbH, Norderstedt / Germany